JN242002

戦後日本

労働組合運動の歩み

山田敬男 著
Yamada Takao

学習の友社

はじめに

　いま日本の労働組合運動は、構造的とも言えるたいへん困難な時代に入っており、その状況を打開するために必死の努力が行われています。新自由主義的「改革」で職場社会が変貌し、職場の団結力、闘争力が大きく後退しました。労働者の集団的関係が壊され、労働者がバラバラにされています。その中で、労働組合を支える「活動家集団」の弱体化が深刻な問題になっています。いまこそ、奪われた労働者の集団的関係を取り戻し、労働者の団結を再構築しなければなりません。そのためにも、職場と労働組合の中に、頼りになる「活動家集団」をつくり直すことが求められています。ここに今日の労働組合運動再生の重要課題があると言えるでしょう。

　大切なことは、こうした労働組合運動再生の課題を深めるためにも労働組合運動の歴史を学ぶことです。なぜなら、これまでの歴史の蓄積のうえに、いまがあるからです。労働組合への資本や権力の攻撃も、それに対する労働組合の側の運動も、それまでの歴史的経過のうえに行われています。これからの運動は、これまでの歴史の経過や体験、そこにおける教訓をしっかり踏まえることが大切です。その歴史的理解があってこそ、これまでにない新しい問題にぶつかっても、あわてずにきちんと対応することができるのです。運動の歴史を学ぶことは、これからのたたかいにとってきわめて重要な意味を持っています。

◆戦後労働組合運動史を考える視点

　筆者は、戦後の労働組合運動を労働運動や社会変革のたたかいの中で考えることが重要だと考えています。労働運動とは、労働組合運動、労働者階級の政党の運動、統一戦線運動など労働者階級の階級闘争にかかわる多様な運動のことです。労働組合運動も労働運動の中で、きわめて

重要な役割を果たしています。したがって、本書は戦後日本の労働組合運動のあゆみを検討していますが、労働運動全体の中で、とくに政党の運動や社会変革のたたかいとの関連で労働組合運動の意味を考察しています。筆者は労働組合運動が階級闘争の中できわめて重要な役割を果たしていると考えているからです。

　もう一つは、労働組合運動を社会のあり方との関連で考えています。例えば戦後の労働組合運動の出発は、軍国主義社会から戦後民主主義社会への転換によって可能になりました。また、高度成長期の労働組合運動は、日本社会が大企業中心社会へ再編され、さらに革新高揚期に企業主義と民主主義のせめぎ合う複合的社会が成立する中で国民春闘が行われたのです。いまの運動の構造的困難は、日本社会が新自由主義的社会に変質する中で生まれています。このように、社会のあり方と労働組合運動との間には密接な関連があります。

◆本書の時期区分

　それでは、筆者が考える戦後の労働運動の歩みの時期区分を述べておきます。

Ⅰ　戦後の労働運動の出発―占領期の労働運動（1945〜49年）
Ⅱ　逆コースと労働運動の復活（1950〜60年）
Ⅲ　高度成長期の労働運動（1960〜75年）
Ⅳ　労働運動の新段階―右翼的潮流が主導権を（1975〜90年）
Ⅴ　軍事大国化と新自由主義の時代の労働運動（1990年〜今日）

　Ⅰは、戦後の運動の出発です。敗戦を契機に、生活を守るために、職場の民主化を求めて、労働者の自然発生的なたたかいが急速に盛り上がります。その発展のうえに、1946年8月にたたかうナショナルセンターである産別会議（全日本産業別労働組合会議）が、それに対抗する右翼

的潮流の総同盟（日本労働組合総同盟）が結成されました。ここでは、とくに、産別会議を中心として戦後の労働運動がどのように出発したか、戦後の労働運動の原点がどこにあるかを検討します。

Ⅱ、Ⅲは総評（日本労働組合総評議会）時代の労働運動です。Ⅱでは、産別会議が敗北し、民同派が主導する総評がどのようにして誕生し、反共親米から、なぜ急速に戦闘性を発揮するように転換したのかを検討します。そして、復活した労働運動がどのような過程を経て60年安保闘争をたたかうようになったのかを分析しています。

Ⅲでは、高度成長で、経済大国になり、巨大独占体が成立した日本社会で、一方で、右翼的潮流が本格的に成長し、他方で、労働運動の新しい展開を経ながら国民春闘が開始され、それが統一戦線運動と連携しながら全国に革新自治体をつくり出すことをあきらかにします。その結果、日本社会は、競争主義原理と憲法原理がせめぎ合う複合性を持つ社会になります。

Ⅳでは、逆流が強まり、労働戦線の右翼的再編が本格化し、JCや同盟（日本労働総同盟）主導の連合（日本労働組合総連合会）が誕生し、日本の労働運動の主導権が戦後初めて右翼的潮流に握られる過程を説明します。しかし、それに対抗してたたかうナショナルセンターである全労連（全国労働組合総連合）が誕生し、労働運動は新しい段階を迎えます。

Ⅴでは、日米同盟のバージョンアップによって、憲法が危なくなり、さらに、新自由主義的改革が本格化する中で、職場社会が激変し、労働運動が構造的に困難な時代に入ったことをあきらかにします。そのうえで、21世紀になり、市民運動が先行して、社会運動が再生にむかう中で、労働運動の構造的困難からの脱却の課題がどこにあるかを検討し、全体のまとめにしています。

目次

●写真：本文中の写真で提供表記のないものは連合通信社提供

労働組合略称一覧

（本文での記載順）

I

期成会／労働組合期成会
鉄工組合／労働組合期成会鉄工組合
労働総同盟／日本労働総同盟
評議会／日本労働組合評議会
全協／日本労働組合全国協議会
全評／日本労働組合全国評議会
交総／日本交通労働総連盟
関東労協／関東地方労働組合協議会
産別会議／全日本産業別労働組合会議
総同盟／日本労働組合総同盟
国鉄総連／国鉄労働組合総連合
海員／全日本海員組合
電産／日本電気産業労働組合協議会
共闘／全官公庁労働組合共同闘争委員会
全労懇／全国労働組合懇談会
全日本機器／全日本機器労働組合
全闘／全国労働組合共同闘争委員会
全労連／全国労働組合連絡協議会
全逓／全逓信従業員労働組合
民擁同／民主主義擁護同盟
日映演／日本映画演劇労働組合

II

総評／日本労働組合総評議会
全鉱／全日本金属鉱山労働組合連合会
全繊同盟／全国繊維産業労働組合同盟
日教組／日本教職員組合
私鉄総連／日本私鉄労働組合総連合会
炭労／日本炭鉱労働組合
炭婦協／日本炭鉱主婦協議会
日放労／日本放送労働組合
全映演／全国映画演劇労働組合
全労会議／全日本労働組合会議

同盟／日本労働総同盟
三鉱連／全国三井鉱山労働組合連合会
国労／国鉄労働組合
合化労連／合成化学産業労働組合連合会
紙パルプ／全国紙パルプ産業労働組合連合
　会
全国金属／全国金属労働組合
化学同盟／化学産業労働組合同盟
電機労連／全日本電機機器労働組合連合会
官公労／日本官公庁労働組合協議会
中立労連／中立労働組合連絡会議
全国一般／全国一般労働組合
全電通／全国電気通信労働組合
新産別／全国産業別労働組合連合
全自運／全国自動車運輸労働組合

III

鉄鋼労連／日本鉄鋼産業労働組合連合会
造船総連／全国造船労働組合総連合会
全国自動車／全国自動車交通労働組合連合
　会
自動車労連／日本自動車産業労働組合連合
　会
全機金／全国機械金属労働組合
IMF・JC／国際金属労連日本協議会（そ
　の後、全日本金属産業労働組合協議会
　と改称）
同盟会議／全日本労働総同盟組合会議
全官公／全日本官公職員労働組合連絡協議
　会
同盟／日本労働総同盟
全造船機械／全造船機械労働組合
動労／国鉄動力車労働組合（現、JR総連）
全自交／全国自動車交通労働組合連合会

全日自労／全日本自由労働組合（現、建交労）

公労協／公共企業体等労働組合協議会

全医労／全日本国立医療労働組合

日本医労協／日本医療労働組合協議会（現、日本医労連）

自治労／全日本自治団体労働組合

大阪衛都連／衛星都市職員労働組合連合会

全民懇／全国主要民間労組委員長懇話会

全日通／全日通労働組合

全港湾／全日本港湾労働組合

全自連／全国自動車運輸労働組合

Ⅳ

連合／日本労働組合総連合会

全労連／全国労働組合総連合

鉄産総連／日本鉄道産業労働組合総連合

全動労／全国鉄動力車労働組合（現、建交労）

全民労協／全日本民間労働組合協議会

統一労組懇／統一戦線促進労働組合懇談会

統一促進懇／全民主勢力の統一促進労働組合懇談会

建交労／全日本建設交運一般労働組合

全自運／全国自動車運輸労働組合

全農協労連／全国農業協同組合労働組合連合会

日本医労連／日本医療労働組合連合会

民放労連／日本民間放送労働組合連合会

日高教／日本高等学校教職員組合（現、全教）

全教／全日本教職員組合

国公共闘／日本国家公務員労働組合共闘会議

国公労連／日本国家公務員労働組合連合会

生協労連／全国生協労働組合連合会

出版労連／日本出版労働組合連合会

広告労協／全国広告関連労働組合協議会

純中立／純中立労組懇談会

全信労／全国信用金庫信用組合労働組合連合会（現、金融労連）

金融労連／全国金融労働組合連合会

自交総連／全国自動車交通労働組合総連合会

労研センター／労働運動研究センター（現、全労協）

全労協／全国労働組合連絡協議会

Ⅴ

JMIU／全日本金属情報機器労働組合（現、JMITU〔日本金属製造情報通信労働組合〕）

運輸一般／全日本運輸一般労働組合（現、建交労）

建設一般／全日自労建設農林一般労働組合（現、建交労）

全建総連／全国建設労働組合総連合

音楽家ユニオン／日本音楽家ユニオン

UIゼンセン同盟／全国繊維化学食品流通サービス一般労働組合同盟（現、UAゼンセン同盟）

全国ユニオン／全国コミュニティ・ユニオン連合会

通信労組／通信産業労働組合（現、JMITU）

自治労連／日本自治体労働組合総連合

福祉保育労／全国福祉保育労働組合

全国港湾／全国港湾労働組合連合会

MIC／日本マスコミ文化情報労組会議

戦後労働組合中央組織の変遷

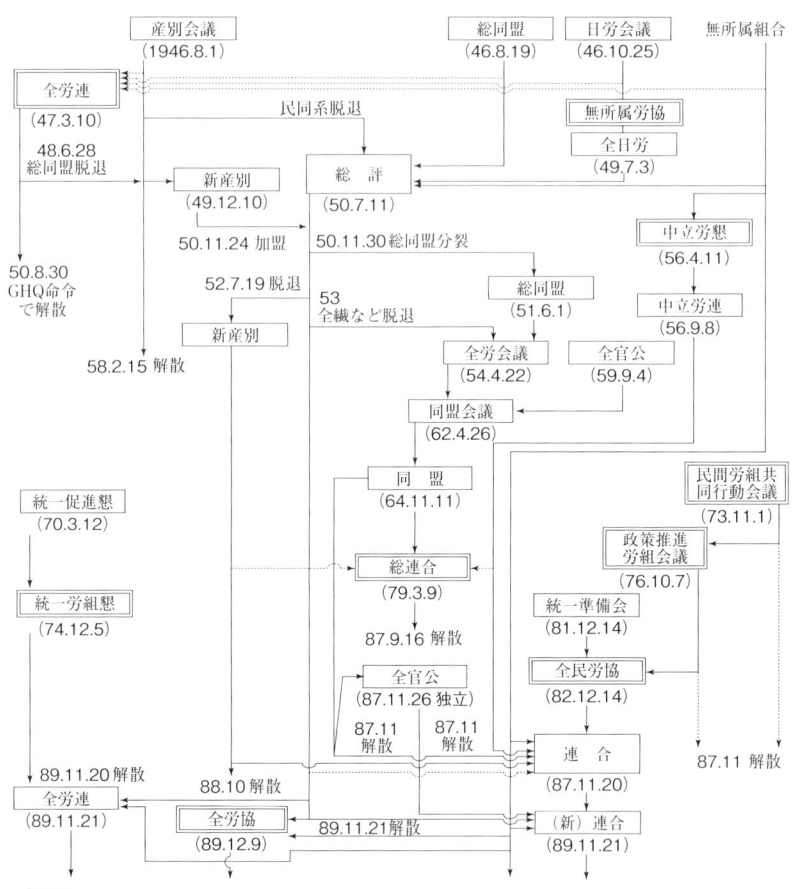

注：□□□ は協議会もしくは共闘組織。
（出典）大原社研『日本労働組合100年』

I
戦後の労働運動の出発
―占領期の労働運動
(1945〜49年)

歴史的前提
―戦前の日本社会と労働運動

1　日本における労働組合運動の出発

◆戦前の日本の政治と社会の特徴

　日本の近代の出発は徳川幕府を打ち倒した150年前の明治維新でした。明治維新が日本における資本主義化＝近代化の出発です。しかし、欧米で行われた市民革命とは、まったく異なるものでした。明治維新の担い手は薩長土（薩摩藩、長州藩、土佐藩）を中心とする武士たちです。民衆を政治から排除し、市民ではなく伝統的勢力（日本では改革派の武士たち）が権力を掌握し、国家の力で上から近代化をすすめていきました。したがって、明治維新の限界を突破して、真の市民革命をめざす自由民権運動[※1]が不可避となります。この自由民権運動を弾圧し、敗北させることによって、明治憲法（大日本帝国憲法）が制定され、天皇制国家が成立します。

　その特徴は、天皇が絶対的な支配者であり、天皇の権限は「神」から与えられたとされていました。そして、立法・行政・司法の全権限が天皇に集中されており、とくに、軍隊と戦争に関することは、政府も議会も口を出せない天皇の大権になっていました。すべての権限が天皇に集中する絶対主義的天皇制と呼ばれています。労働者や民衆を専制的に支配し、農村では半封建的な地主制度によって重い小作料を課すなど農民を苦しめました。

　戦前の日本は戦争の連続でした。そのために、国内では治安警察法

（1900年）や治安維持法（1925年）などの制定によって民衆弾圧を強め、対外的には、朝鮮、台湾、中国への侵略戦争と植民地支配に乗り出していきます。日清戦争（1894 〜 95年）・日露戦争（1904 〜 05年）を画期に、日本は植民地帝国になり、後進的な経済力の弱さを軍事力の強化で補い、植民地の拡大をめざしました。こうして、日本はアジアで最も早い近代国家となりましたが、そこで働く労働者は無権利状態で過酷な搾取に苦しむことになります。

やがて、1931年の満州事変から始まる中国に対する侵略戦争と、1941年からのアジア・太平洋戦争によっ

「期成会大運動会」の禁止に抗議する『労働世界』社説（第10号、1898年）

て破局への道を歩むことになります。このように、平和が脅かされ、自由と民主主義が大きく制限された困難の中で、戦前の労働運動は行われたのです。

※1　日本の近代の出発点である明治維新は市民革命と言えるものではなかった。したがって、明治維新でできなかった政治や社会の民主化を求める運動が避けられなくなり、国会開設、地租軽減、条約改正という3大要求を掲げた自由民権運動が始まることになった。その意味で、自由民権運動こそ、日本における市民革命の運動と言える。

◆労働組合期成会の誕生と鉄工組合の結成

日本で近代的な労働組合が誕生したのは、1897（明治30）年のことです。この時期に日本でも産業革命（機械の導入による機械制大工業の成立）が開始され、労働者階級の形成にともない、労働組合が誕生します。

日本の産業革命は、日清戦争から日露戦争前後にかけて行われました。

　1897年7月、高野房太郎、片山潜らによって労働組合期成会が結成されます。期成会は機関誌『労働世界』を発刊し、〝労働は神聖なり〟〝団結は勢力なり〟をスローガンにして、労働者に労働組合の結成を働きかけたのです。この年の12月、東京砲兵工廠・日本鉄道大宮工場などの労働者が「鉄工組合」を結成しました。日本最初の労働組合の誕生です。翌1898年2月、日本鉄道（今の東北線）の労働者が「日鉄 矯 正会」を、さらに1899年には印刷労働者が「活版工組合」を結成しました。

◆治安警察法の制定

　ところが、誕生したばかりの労働組合に権力の弾圧が加えられます。1900（明治33）年、治安警察法が制定され、その第17条で、ストライキと労働組合が事実上、禁止されたのです。これは生まれたばかりの労働組合運動にとってきわめて大きな打撃であり、ほとんどの労働組合が解散に追い込まれていきました。

　労働組合の誕生と並行して社会主義運動が出発したことに、日本の特徴があります。1901年、わが国最初の社会主義政党である社会民主党が結成されます。片山潜らは、労働組合運動を前進させるには労働者階級の政治闘争と労働者政党が必要であるという自覚を持っていました。ところが、この社会民主党も、直ちに治安警察法で解散させられるのです。さらに、1910〜11年、天皇暗殺を企てたとする「大逆事件」のでっちあげで、幸徳秋水ら12人の社会主義者が処刑され、社会主義運動と労働運動は「冬の時代」を迎えることになります。

2　労働運動の復活・発展と弾圧

　第一次世界大戦（1914〜18年）を画期に状況が大きく変化しました。この中で、日本経済は独占資本主義の段階になり、工場地帯が形成され

東京上野公園で開かれた第1回メーデー（1920年5月2日）

　ます。資本主義の発展は、労働者階級を増大させました。

◆友愛会の労働組合化と最初のメーデー

　1917〜19年にかけて、労働者の自然発生的なストライキが激増します。背景には、物価上昇などによる生活条件の悪化があったのです。また、1917年のロシア革命と1918年の米騒動が日本の社会運動の復活に大きな影響を与えます。労働組合運動では、相互扶助と労資協調の親睦団体として発足した友愛会（1912年）が、労働組合に変貌していきます。1920（大正9）年5月2日、上野公園で最初のメーデーが行われ、治安警察法第17条の撤廃などが要求されます。なぜ2日に行われたかと言えば、2日が日曜日だったからです。第2回以降は、国際的に連帯して5月1日に行われます。また1921年7月、団体交渉権・横断組合の承認などを要求して、川崎・三菱両造船所で3万5000人の労働者が参加するストライキが行われます。戦前最大規模のストライキでした。

　こうした運動の高揚の中で、友愛会が1921年に日本労働総同盟に名称変更します。8時間労働制、労働組合運動の自由、治安警察法の「改正」などを主張し、全国的な労働組合に発展しました。このような労働

組合運動やその他の社会運動の高揚の中で、「大逆事件」以来の「冬の時代」は終わりを告げたのです。

　1922年7月、「君主制の廃止」「18歳以上のすべての男女にたいする普通選挙権」などを掲げる日本共産党が非合法に結成されました。

◆総同盟の分裂と左派組合の誕生そして弾圧

　天皇制国家は、このような運動の高揚に対し、共産党を弾圧し（1923年、第1次共産党事件）、さらに1923（大正12）年9月の関東大震災直後に狂気の大弾圧を行います（朝鮮人虐殺、亀戸事件、大杉栄夫妻虐殺）[2]。この暴力におびえ、労働運動の中に「現実主義」を口実に右転落する潮流が生まれたのです。西尾末広などが典型ですが、日本で社会民主主義[3]、反共主義の潮流が成立しました。この反共主義的な右翼社会民主主義が、戦闘化する総同盟から左派的組合と活動家を除名し、総同盟を分裂させます。除名された「左派」組合は、1925年、日本労働組合評議会（評議会）を結成しました。このように分裂の主な原因は、右派の反共分裂主義にありましたが、左派もそれに機械的に反発し、別の全国組織を単純につくるという未熟さがありました。後に左派の中心的活動家であった渡辺政之輔は「まちがいであった」と自己批判しています。

　政府は、情勢への対応として、1926年に治安警察法の第17条を撤廃して、労働組合を事実上容認しながら、前年の1925年、男子普通選挙法と抱き合わせで治安維持法を制定します。この普通選挙法とそれによる総選挙に備えて「合法無産政党」が分裂して結成されると、労働組合もそれに照応して分裂し、政党に系列化されます。労働農民党（左派）—評議会、社会民衆党（右派）—総同盟、日本労農党（中間派）—組合同盟というように、労働組合が特定政党を支持し、系列化する構図ができてしまいました。この歴史的体験の反省から、戦後、たたかうナショナルセンターである産別会議は「政党支持の自由」を基本原則にしたのです。

総同盟は、その後、反共・労資協調路線を露骨にすすめ、「15年戦争」が始まると日本の侵略戦争を支持します。評議会は、最初の階級的な全国組織として、労働者の生活と権利を守るために戦闘的にたたかいました。『太陽のない街』で有名な東京の共同印刷の争議、105日という戦前の長期スト記録をつくった浜松の日本楽器争議はその典型です。さらに、工場代表者会議などの新しい組織活動を展開して、評議会の枠をこえた組織労働者や未組織労働者などの幅広い統一行動を推進しました。しかし、1928年、いわゆる3・15事件[4]で、共産党への大弾圧が行われ、さらに4月10日には評議会も労働農民党や全日本無産青年同盟とともに解散させられます。同年末に、評議会を継承する日本労働組合全国協議会（全協）が半非合法のもとに結成されますが、翌1929年の4・16事件[5]などすさまじい弾圧の連続で、1934年頃には活動が停止されました。

※2　**朝鮮人虐殺**…朝鮮人に不穏な行動があるというデマが流され、軍や警察が中心となり、また軍や警察に扇動された民衆らによって、数千人を超える朝鮮人が虐殺された事件。**亀戸事件**…東京府下の亀戸署で、川合義虎ら10人の労働運動の活動家や社会主義者が、警察と軍によって殺害された事件。**大杉栄夫妻虐殺**…無政府主義者大杉栄が、妻伊藤野枝や甥とともに、甘粕正彦憲兵大尉らに虐殺された事件。

※3　労働者の要求をある程度受け入れるが、問題の根本的解決を回避する日和見主義の潮流。第1次世界大戦を容認し、ロシア革命に反対し、社会主義運動を分裂させる役割を果たした。

※4　1928年3月15日に行われた共産党や民主団体への全国的な大弾圧事件。1600余人が検挙され、約500人が起訴される。被検挙者には野蛮な拷問が行われた。

※5　1929年4月16日、前年の3・15事件に引き続き、1000人にのぼる共産党の幹部や活動家が全国一斉に検挙された事件。

3　大日本産業報国会と戦時下の抵抗

◆「満州事変」の勃発と労働戦線の右翼的再編

　1931年、「満州事変」が勃発すると、総同盟を支持基盤とする社会民

衆党は、「満州事変」を支持し、1932年には「反ファッショ、反共産主義、反資本主義」の「三反綱領」を打ち出し、実質的に反共の方向を明確にします。労働総同盟を中国侵略の方向に導くことになります。1931年6月、総同盟を中心に日本労働倶楽部が結成されます。これは「反共産主義、反無政府主義、反ファシズム」の「健全なる労働組合主義を指導精神」としていました。日本労働倶楽部は、ゆるやかな懇談会形式のものでしたが、労働戦線の右翼的再編と右翼的統一の第一歩でした。そして、1932年に社会民主主義の統一政党である社会大衆党が創設されると、同年9月、全組織労働者の58％、28万人を結集して日本労働組合会議が結成されます。ここへ結集した労働組合の幹部は、ほとんどが戦争肯定の態度をとっていました。こうして日本労働倶楽部から日本労働組合会議へと労働戦線の右翼的再編が行われます。

　社会大衆党は日中全面戦争が始まると（1937年）、この侵略戦争を「聖戦」であると支持しました。これに呼応して、労働総同盟も「聖戦」と支持し、戦争協力のためにストライキ絶滅宣言を発表します。労働組合が、自主的に武装解除し、軍需生産と侵略戦争に全面的に協力したのです。

◆合法左翼労働組合の戦線統一運動の挫折

　労働戦線の右翼的再編に反発する合法左翼労働組合（中間派）の戦線統一運動が活発になり、1934年に日本労働組合全国評議会（全評）が結成されます。そして1936年には、この全評と東京交通労働組合、東京市従業員組合、自動車労働組合の合法左派の4組合が労農無産協議会をつくります（委員長・加藤勘十、書記長・鈴木茂三郎、高野実も参加）。4組合は社会大衆党に「反ファシズム統一戦線」を申し入れますが拒否されます。あせった労農無産協議会は、翌1937年2月、党名を日本無産党に改め、組織の拡大に努めます。ところが、同年12月、日本無産党、全評、交総（日本交通労働総連盟）の幹部（加藤勘十、鈴木茂三郎）ら

が逮捕されます（「第1次人民戦線事件」）。こうして、共産党や全協などの階級的な労働組合を弾圧しつくした権力側は、たたかいを止めない合法左翼＝社会民主主義までを全滅させようとしたのです。このグループがやがて戦後の総評運動や日本社会党の左派として活動することになります。

◆ 「産業報国会」の結成と労働組合の解散

1938（昭和13）年、日中戦争の最中に、「労資一体」「事業一家」「産業報国」をスローガンとする産業報国連盟が発足しました。生産増強を図り、労働組合を解散して職場から産業報国会を組織する運動が強化されます。そして1940年、大日本産業報国会が結成されると、ほとんどの労働組合は半強制的に解散させられ、報国会に吸収されました。労働組合が存在しない状況がつくられたのです。

◆戦時下の抵抗

1941年、アジア・太平洋戦争が勃発すると、「工場の軍隊化」「監獄化」がすすみ、軍に召集されない人々は「産業兵士」として政府の命じる工場での労働を余儀なくされました。労働組合はなくなりましたが、アジア・太平洋戦争のさなか、軍部と特高警察の監視の中で、労働者の自然発生的な抵抗が続きます。1941年に334件、1942年に268件、1943年に443件、1944年に296件、の労働争議が官庁統計に記録されています。

また、1937年に印刷出版労働者によってつくられた出版工クラブは、1940年に解散命令を受けたにもかかわらず、なかば公然と労働者の要求に基づくさまざまなサークルをつくって、仲間たちとの関係を深め、多くの活動家を育成します。この活動家たちが、戦争が終わるとすぐに労働組合再建の先頭に立ちます。

4　戦前の歴史から何を学ぶか

◆大衆的な運動として発展できなかった

　日本の近代化の中で出発した労働運動は、政治的自由と労働組合活動の自由がない中で、労働者の生活と権利を守るため、日本社会の民主化と平和を求めてたたかい抜きました。しかし、戦前の労働組合運動は、大衆的な運動として発展することができませんでした。戦前の最高組織人員は1936年の42万人であり、最高組織率は1931年の6.9％でした。ところが戦前の官庁統計は、5人以下の企業の労働者が入っていないので、実際には最高組織率は4.5％にすぎなかったのです。

　なぜ大衆化されなかったかといえば、第1に、治安警察法、治安維持法に見られるように、政治的自由と労働組合活動の自由が認められていなかったからです。第2に、基幹産業の大企業や官営の大工場では、資本家や政府が共済団体、親睦会、会社組合、現業委員会などを上からつくって、自主的な労働組合の結成を必死になって妨げたことにあります。友愛会のように、労働者が自主的に共済会、親睦会をつくると、やがて労働組合化する危険性があるので、組合ができる前に上から親睦会が労働組合対策としてつくられたのです。第3に、多くの労働者が半封建的な地主制の支配の強い農村から供出されているので、権利意識が弱く近代的な労働者としての自覚が持ちにくくされていたことにあります。

◆反共分裂主義と「左翼」セクト主義の問題

　戦前の労働運動を振り返った場合、反共主義と右翼的潮流の果たした役割を教訓としてみておくことが重要です。先ほども述べたように、西尾末広らの右翼社会民主主義者は、戦闘化する総同盟から左派の活動家と労働組合を排除するために、1925年、総同盟を分裂させ、総同盟を労資協調の右翼的な労働組合に変質させたのです。そして、日中戦争が始

まると「聖戦」であると支持し、ストライキ絶滅宣言を発表して侵略戦争への協力をあきらかにしました。

　もう一つの問題は、たたかう労働運動の中に存在した「左翼」セクト主義[6]の問題です。社会民主主義の勢力全体に機械的に反発し、とくに労働者に幻想を与えるものとして「左派」を危険視し、批判と攻撃を集中する「社会民主主義主要打撃論」[7]や「社会ファシズム論」[8]の誤りです。これは侵略戦争やその他の問題で、社会民主主義の内部に生まれる分化の可能性を見失い、社会民主主義の影響下にある労働者や勤労人民を統一戦線運動に結集することを妨げるセクト主義と言えました。このセクト主義が、プロフィンテルン（革命的国際労働者組織）[9]に加盟していた全協に影響を与え、すべての改良主義的幹部を排撃する態度をとり、他の労働組合の中に「革命的反対派」を結成する方針（＝赤色労働組合主義）を採用させ、労働運動の前進を妨げたのです。このような、労働者の統一の障害になったセクト主義の克服は、戦後の歴史を待たなければなりませんでした。

　※6　社会主義運動やたたかう労働運動の中で、急進的スローガンなどを掲げて排他的な態度をとったり、民衆との結合を軽視して統一行動や統一戦線を過小評価する傾向。

　※7　ソ連の独裁者であったスターリンの『レーニン主義の基礎』（1924年）であきらかにされたセクト主義的な考え方。社会民主主義には、支配体制に屈服し、妥協する傾向と一定の積極性を発揮し、統一戦線運動に積極的になる傾向の二面性がある。社会民主主義主要打撃論は、この二面性を見ないで、社会民主主義全体を、とくにその「左派」を敵視し、攻撃を集中することを提起し、統一戦線運動で有害な役割を果たした。

　※8　社会民主主義主要打撃論に基づき、社会民主主義はファシズムの一形態として現れるという考え方。社会民主主義の中に反ファシズム的潮流が現れることを見ないセクト主義的な考え方。

　※9　1921年にコミンテルンの指導のもとにつくられた革命的国際労働者組織のことで、赤色労働組合インタナショナルの略称。労働組合の階級的強化の活動を推進したが、同時に、改良主義的幹部指導下の労働組合の存在意義を全面否定するセクト主義的方針をとった。このセクト的方針はコミンテルン第7回大会（1935年）で克服される。

敗戦と労働運動の再出発

1 敗戦と治安維持法体制の崩壊

◆治安維持法の廃止と労働組合運動の自由

1945年8月、日本はポツダム宣言を受諾して敗戦を迎えます。ポツダム宣言に基づく日本の民主化が不可避になります。にもかかわらず、日本の旧支配層は、「国体護持は帝国最後の一線」と天皇制を守るために、治安維持法を維持しようとしました。

この中で、10月4日、連合軍総司令部は、いわゆる「人権指令」を日本政府に示します。治安維持法、治安警察法などの弾圧法規の廃止、政治犯の釈放、特高警察の全員の罷免などが指示されたのです。天皇制軍国主義を支えていた治安維持法体制が崩壊し、約3000人の政治犯が釈放されます。日本の社会運動や労働組合運動の自由が保障されることになりました。これに衝撃を受け、東久邇宮稔彦内閣は退陣し、幣原喜重郎内閣が発足します。

さらに、10月11日、占領軍最高司令官であるマッカーサーは、幣原首相に憲法改正を示唆しながら、「五大改革指令」（婦人の解放、労働組合の助長、学校教育の自由主義化、民衆を恐怖におとしいれた制度の廃止、経済機構の民主化）を示しました。ここで注目するのは、「婦人の解放」や労働組合の活動の自由が最初に指示されていることです。日本の民主化の担い手として、女性の運動と労働組合運動が特別に重視されていたのです。

これを受けて、憲法改正以前に、1945年12月、選挙法の改正で女性参政権が認められ、労働組合法の公布（施行は1946年3月）によって、団結権、団体交渉権などが保障され、労働組合運動の自由が確立します。

◆労働者、国民の生活破壊と食糧難

　1945年8月15日の天皇のラジオ放送によって、敗戦を知らされた日本の民衆は、どのような気持ちでこの事態を受けとめたのでしょうか。1970年11月の『マネジメント』に掲載されたNHK・テレビ番組「40代」における意識調査があります。

　昭和20年8月15日のあなたの気持ちは？
　1　くやし泣きした　　32%
　2　虚脱感でぼんやり　39%
　3　ホッとした　　　　28%

　ここには、多くの国民が予期せぬ「敗戦」に虚脱感におちいりながら、空襲など戦争の恐怖から解放された安堵感にひたっていたことがうかがえます。しかし、民衆を待っていたのは、生きるか死ぬかの瀬戸際まで追いつめられた生活難でした。インフレの進行、失業、住宅難、食糧不足など国民生活は戦争によって、まったく破壊されてしまったのです。厚生省（当時）は、あらゆる努力をしても最終的には600万人の失業者が出ると報告していました。住宅事情もきわめて悪化し、不足住宅は420万戸にのぼるとされていました。東京都の調べによると、1945年9月1日時点で、約29%の人々が壕舎（地下に掘った住居用の穴）、バラックに住んでいたことになります。

　食糧難も深刻で、都市は飢餓地獄でした。米の配給は1人1日2合1勺でしたが、サツマイモ、ジャガイモなどの代用食がらみで配給され、そのうえ遅配、欠配は日常茶飯事でした。都市では1週間、1ヵ月も

配給されないこともあり、やがて栄養失調で死亡する者が続出します。民衆は食糧の極端な不足を補うために、「買い出し」に殺到しました。戦災などのために輸送機関が十分に機能していない中での「買い出し」はたいへんなことでした。こうした敗戦による深刻な生活破壊が、やがて急速に高揚する社会運動の土台に存在していたのです。

2　生産管理闘争と労働者階級の急速な組織化

◆中国人、朝鮮人労働者の決起—戦後最初のストライキ

　治安維持法体制が崩壊し、10月を画期に戦後の社会運動は急速に発展しますが、それ以前にもたたかいは始まっていました。最初にたたかいに立ち上がったのは、朝鮮人労働者や中国人労働者です。戦時中、強制連行され、鉱山、土木事業で強制労働させられた朝鮮人は約72万人、中国人は約4万人と言われています。北海道では、敗戦後直ちに、戦時中の過酷な労務管理の責任追及が開始され、9月に、三菱美唄炭鉱の中国人労働者が食料増配、衣料品支給、自由外出を求めて立ち上がります。10月初めには、7000人近い朝鮮人を擁した夕張炭鉱で、朝鮮人労働組合が組織され、帰国促進、食事の改善などを要求し、ストライキに突入します。これが戦後日本の初めてのストライキです。このたたかいが日本人労働者に大きな影響を与え、北海道では、炭鉱労働者の組織化が急速にすすみ、1945年12月には、組織率74.7％に達したのです。日本全国の組織率が3.2％ですから、北海道の炭鉱労働者の組合への組織化がいかに急速であったかがわかります。

◆「読売新聞」の生産管理闘争

　この時期に大きな社会的影響を与えたのは「読売新聞」争議です。9月13日に、論説委員、編集局の有志らが正力松太郎社長に5項目の要求を提出しました。5項目の要求とは「社内機構の民主主義化、編集第一

読売新聞争議＝第１次1945年９月〜12月、第２次1946年６月〜10月。1946年６月24日、東京・有楽町の読売新聞本社前で抗議デモで気勢を上げる組合員ら

主義の確立、戦争中国民を誤導したる責任をあきらかにするための主筆および編集局長の更迭、人事の刷新、待遇の改善」というものです。戦争中の報道の責任をとって、人事を刷新し、経営を民主化せよという要求です。会社側はこの要求を認めず、逆に中心メンバー５人の解雇を発表します。これに怒った労働者は、社員大会を開いて「業務管理」を宣言し、組合を結成しました。こうして「読売新聞」は、最高闘争委員会の指導のもとに、編集委員会、生産委員会、新聞製作・発行進行委員会の体制をつくって労働者の自主制作によって刊行されることになったのです。12月12日、組合側の勝利のうちに協定覚書が調印され、「民主読売」時代と言われるように、紙面がきわめて民主的に編集され、国民に大きな影響を与えることになります。

　読売争議以降、生産管理闘争が全国に波及します。ストライキではなく、なぜ生産管理闘争が盛んになったのでしょうか。当時の経営者側は、インフレによる手持ち資材の値上がりを待ち、生産をなかなか再開しよ

うとしませんでした。彼らは経済復興の責任を放棄していたのです。したがって、労働者側が、「生産管理」「業務管理」によって、経営を民主化し、労働者の生活と権利を確立しながら、日本経済の民主的復興に寄与するためのたたかいを開始したのです。労働組合による民主的規制のたたかいとも言えます。生産管理闘争としては、1945年12月の京成電鉄、1946年1月の日本鋼管鶴見製鉄所、同年2月の三菱美唄炭鉱などの争議が有名ですが、1946年6月までに150件を超える生産管理のたたかいが起きています。

◆総同盟拡大中央準備委員会の発足

　最初に労働組合の全国組織結成に動き出したのは、旧総同盟系の活動家たちでした。1945年10月10日、東京新橋で労働組合組織懇談会が開かれます。主導権は右派の松岡駒吉、西尾末広らが握っていました。松岡らは、「産業民主主義の確立」を主張し、三井、三菱、安田、住友などの財閥代表たちとの合意を重視していたように、徹底した労資協調主義[※1]の路線を特徴としていたのです。

　そして、政治犯の釈放で、共産党再建が具体化されると、それに対抗するかたちで社会民主主義の総結集が急がれ、日本社会党が結成されます（11月2日）。書記長に片山哲が選出されるなど右派が指導権を掌握していました。

　1946年1月、総同盟拡大中央準備委員会が開かれ、綱領、規約、運動方針が決定されました。「日本社会党を中心とする民主主義諸勢力の結集」を掲げ、社会党支持を決定したのです。

　※1　労働者階級と資本家階級の利害が本質的に一致するという考え方。労働者が生産に励み、企業の繁栄のために努力すれば、賃金も上がり、雇用も安定すると言い、労資の協力を主張する。

◆たたかう労働運動の復活─統一的ナショナルセンター構築の挫折と産別準備会の結成

【工場代表者会議と関東労協の結成】この総同盟の動きと並行して、階級的立場に立った活動家たちによる組合組織化の動きが活発化しました。政治犯の釈放によって、共産党の再建がすすみ、12月に第4回大会が開催されます。この大会で「労働組合運動に関する決議」が採択され、「労働組合運動の統一的再建」と「全国的単一的産業別組合の結成」をめざすことが打ち出されます。また、労働組合の特定政党支持が退けられ、組合員の政党支持の自由が強調されます。ここには、戦前の全協に見られた赤色労働組合主義という左翼セクト主義を克服して労働戦線の統一を追求しようとする努力が反映されていました。

　共産党は、労働組合組織促進委員会をつくり、労働組合結成のオルグ活動を精力的に開始します。その活動の中から、労働組合の地域的結集が始まり、1945年12月25日、神奈川県の工場代表者会議（工代会議）が開かれ、神奈川県労働組合協議会が結成されます。さらに、東京でも、城南、城東、城西で工場代表者会議が開かれ、地域労働組合協議会が組織されました。そして1946年1月27日、関東工場代表者会議が開かれ、関東地方労働組合協議会（関東労協）が結成されます。この工場代表者会議の運動は、戦前の評議会の運動の経験を発展的に継承したものでした。

【統一交渉の失敗と産別準備会の発足】こうした右派の総同盟準備会や左派の関東労協の結成に見られるように、全国的結集の動きが具体化する中で、両者の話し合い、協議が行われますが、結局、統一の動きは失敗します。その主な要因は、総同盟指導部の反共労資協調へのこだわりにありましたが、同時に関東労協や共産党指導部にも根強く存在した赤色労働組合主義があったのです。共産党内には、第4回大会の方針に見られるように、赤色労働組合主義を清算して統一を追求する努力があったのですが、徳田球一書記長を中心として再び赤色労働組合主義を復

活させてしまったのです。共産党系とは絶対一緒にやらないという総同盟指導部の反共分裂主義と徳田球一ら共産党の左翼セクト主義の未熟さがあわさり、労働組合の統一的ナショナルセンターをつくる運動が挫折します。

これを受けて、左派の産業別結集の運動が始まります。生産管理闘争をやって社会的注目を引いた読売新聞従業員組合や朝日、毎日等の各新聞労働組合が加入して結成された日本新聞通信労働組合の呼びかけで、1946年2月20日、産別会議準備会が発足しました。工場代表者会議を基礎とする労働組合の地域的結集と全国的な産業別単一労働組合の組織化の前進によって、産別会議結成の準備がすすんでいったのです。

3　メーデーの復活と1946年5月の政治的激動

◆民主人民戦線の発展と「政権空白期」

1946年になると、政治や社会の民主化と生活擁護のための社会運動が統一戦線運動として急速に発展しました。

戦前からの社会主義運動の長老である山川均の呼びかけと日本共産党の野坂参三の亡命先からの帰国によって、民主人民戦線の運動が大きく前進します。1月26日、山川均、大内兵衛らの呼びかけで「野坂参三帰国歓迎国民大会」が開かれ、5万人が参加しました。

この前後に、地域から統一戦線の運動が盛り上がっていました。食糧問題を中心に、地域で民主的諸団体の共闘態勢がつくられ、運動が活発化していたのです。たとえば、京都では、1945年末から、食糧問題を中心として社会党・共産党・自由党・進歩党の超党派の共同闘争が行われ、1946年1月には人民戦線結成協議会が結成されます。1946年5月までに約30府県で地域的な共同戦線が結成されました。

こうした全国的な共同闘争の高揚の中で、1946年3月10日、民主人民戦線世話人会が発足しました。世話人会の声明で、「人民自身の手」に

よる新憲法の制定、連立人民政府の樹立などが強調されます。さらに、4月7日、戦後初めての「内閣打倒大会」が7万人の参加で開かれました。しかし、この統一戦線運動も、右派が指導部を握る社会党の不参加決定によって、うまくいきませんでした。その背景には、先ほど述べた労働戦線統一の失敗があったのです。

1946年4月10日、女性も参加して戦後初めての総選挙が行われます。政府与党の進歩党は第2党に転落しますが、どの政党も単独過半数を獲得できなかったため、幣原内閣は政権居座り工作を開始します。幣原内閣は、自分の手で憲法「改正」を実行し、「国体」＝天皇制を守ろうとしたのです。

野党はこれに反発し、4月19日、自由党・社会党・共産党・協同党の4党による幣原内閣打倒共同委員会（4党共同委員会）を結成し、倒閣国民大会の開催を決定しました。この倒閣運動の発展によって、幣原内閣は総辞職することになります。支配層の政治的危機が深刻になります。今日の「市民と野党の共闘」の先駆的な経験と言えるかもしれません。

この後、1ヵ月にわたって政権不在という「政権空白期」が始まります。

◆メーデーの復活と食糧メーデー

この「政権空白期」に労働組合運動と社会運動が大きく発展します。5月1日、メーデーが復活し（1935年以来11年ぶり）、50万人（当時、東京の人口約300万人）が参加します。1月の野坂帰国歓迎の国民大会が5万人、4月7日の倒閣大会が7万人の参加でしたので、その飛躍的前進がわかります。メーデーが近づくと、NHKのラジオ放送が連日、メーデー歌の歌唱指導を行い、国電、都電が当日の増発を決めるなど、あたかも国民的行事のような雰囲気でした。メーデーが終わると、メーデー実行委員会に参加した産別会議準備会、総同盟準備会などによって、常設の戦線統一世話人会が結成されました。単一のナショナルセンター

にむけての最後の努力が行われようとしたのです。

その後、鳩山一郎等が公職追放され、首相候補がいなくなると、戦前以来の親米派官僚の吉田茂が自由党総裁になり、天皇から首相に任命されます。しかし、労働者、国民は黙っていませんでした。5月19日、関東食糧民主協議会主催の「食糧メーデー」が25万人を結集して行われます。こうした民衆のたたかいの高揚によって、吉田茂は組閣を一時的に断念しますが、マッカーサーの〝暴民デモを許さず〟という声明（5月20日）に助けられて、5月22日、第1次吉田

第17回メーデー＝当時、「人民広場」と呼ばれた皇居前広場を埋める勤労大衆／1946年5月1日／共同通信社提供

内閣がやっと成立しました。このマッカーサー声明によって、社会運動が一時的に低迷します。

この時期を振り返ると、たいへんな激動の時期であったことがわかります。戦争が終わり、未曾有の生活難の中で、賃上げと職場の民主化、政治の変革を求める運動が大きく発展し、労働組合が次々と結成されます。戦争中は、ゼロに等しかった労働組合が、わずか半年の間に組合数1万7266、組合員492万6000人、組織率41.5％になります（1946年6月、52頁参照）。労働組合が労働者の希望の星だったのです。こうして、戦後日本の労働組合運動がスタートしました。

総同盟、産別会議の結成と「2・1ゼネスト」運動

1　産別会議、総同盟の結成

◆吉田内閣の大量人員整理による経済復興の開始

　第1次吉田内閣の成立（1946年5月）を契機に、日本の大企業は生産を本格的に再開します。吉田内閣は大企業を全面的に支援し、労働者の大量人員整理による経済復興路線を推進しようとしました。そのため、「社会秩序保持に関する政府声明」（6月）を発表し、労働運動との対決姿勢を強めます。この中で、読売新聞従業員組合の幹部の首切りが政府・占領軍と一体となって強行されます（第2次読売争議）。このたたかいの中で、青年のエネルギーを結集する「青年行動隊」がつくられ、その後、全国に広がります。

◆たたかうナショナルセンター産別会議の結成

　この攻撃の中で、たたかう労働組合の全国センターである産別会議の結成が急がれました。8月19〜21日に全日本産業別労働組合会議（産別会議、163万人）が結成されます。産別会議は、戦前の階級的・戦闘的労働組合の伝統を引き継ぎながら、戦前の分裂の歴史から学んで「政党支持の自由」を組織原則として掲げました。また、8月1〜3日に日本労働組合総同盟（総同盟、85万人）が結成されます。総同盟は戦前からの反共・労資協調主義を引き継ぎ、「日本社会党を中心とする民主主義勢力の結集」を掲げていました。こうして、統一的全国組織ではなく、

分裂して発足することになりましたが、全国組織の発足によって労働者階級は、支配層の攻撃に全国的統一闘争や産業別の統一闘争でたたかうことが可能になったのです。労働運動の主導権はたたかうナショナルセンターの産別会議が掌握していました。

産別会議結成＝労働戦線の統一へ向け、産別会議の結成大会が1946（昭和21）年8月19日、東京・神田の共立講堂で開かれた／共同通信社提供

2　国鉄・海員ストから「10月闘争」へ

◆国鉄・海員スト

　読売新聞労組への攻撃に続いて、国鉄や海員での大量人員整理が計画されます。国鉄当局は、経営再建のために、青年や女性を中心に7万5000人の人員整理を予定しました。また海運業者も、経営再建のために大幅な人員整理を計画します。こうした人員整理を海員組合のストライキ、国鉄総連（国鉄労働組合総連合）のスト決行の圧力、産別会議を中心とする馘首反対の共同闘争などの前進によって阻止することができたのです。

　労働組合は、大企業が生産を再開し、そのために人員整理を強行しようとする中で、それまでの生産管理闘争からストライキ闘争へ戦術を転換することになります。8〜9月の国鉄・海員の争議の勝利は、ストライキ戦術と共同闘争の威力を労働者に教えることになりました。

◆ 「10月闘争」の開始と NHK のストライキ

　国鉄・海員のたたかいに引き続いて行われたのが、産別会議主導の「10月闘争」です。首切りを中心とする企業整備に反対し、統一労働協約の締結によって職場から労働者の諸権利を定着化させる民間労働組合中心のたたかいでした。ちょうどこの時期は、日本国憲法が成立し（11月3日公布）、憲法の諸権利を社会的に定着させることが国民的課題になっていたのです。

　「10月闘争」の柱の一つが日本新聞通信放送労働組合のたたかいです。9月26日に闘争宣言を発表し、10月5日からゼネストに突入することになっていましたが、マスコミの統制を重視する占領軍新聞課の介入によって、朝日新聞のスト態勢が崩され、毎日・日経などもこれに続いてストは挫折します。しかし、放送支部、とりわけ NHK 労組は国家管理などの攻撃とたたかいながら、ストライキでラジオ放送を停止させ、待遇改善と団体協約を勝ちとります。NHK の放送がストライキで停止したのはこのときだけでした。

◆電産のたたかい

　「10月闘争」を代表する争議は電産（日本電気産業労働組合協議会）のたたかいでした。電産の闘争では、労働組合が作成した「電産型賃金」といわれる賃金体系が獲得されます。それは勤続によらないで年齢による賃金体系であり、企業側の労務管理上の都合によらないものでした。また、最低生活の保障という生存権的観点から生活保

電産スト＝労働組合が作成した「電産型賃金」といわれる賃金体系と電気事業民主化の協定を獲得した／『写真集日本労働運動史』総評資料頒布会発行より

障給を基本にまとめられ、それに能力給、勤続給を付け加えたものでした。労働者階級が初めてみずからの手で賃金体系をつくり、それをたたかいによって獲得したのです。

同時に注目すべきことは、電気事業民主化に関する協定です。それには、①電力の官僚的国家管理法令の廃止、②大衆による電気事業の監査指導機関の設置、③電気事業社会化法の制定などが盛り込まれ、この協定の促進のための「電気事業民主化協議会」の設置が決められていました。

労働組合や国民の参加によって、電気事業の民主化、社会化をめざす画期的な試みです。

◆「10月闘争の意味」

10月中旬には、炭鉱、金属機器、化学、印刷出版、映画演劇の労働組合が相次いでストライキや生産管理に入り、要求を実現します。中心要求は首切り反対や賃上げなどの待遇改善、労働協約の締結や職場の民主化などであり、吉田内閣の労働者を犠牲にする経済復興路線との正面からのたたかいでした。

「10月闘争」は統一要求を基礎に、波状的ですが、戦後初めての全国的な産業別統一闘争に発展しました。それまでの個別的な争議と違い、産業別、地域別の統一行動、共同行動が組織され、大きな成果をあげます。しかし、「10月闘争」をたたかった労働組合は、工場別・事業所別労働組合であり、産業別労働組合とは言えません。多くの労働組合は産業別労働組合への脱皮をめざしており、その努力が統一労働協約のたたかいであったのです。

◆日本国憲法の成立と憲法を職場で具体化させるたたかい

11月3日、日本国憲法が公布されました。幣原内閣が3月6日に発表した「憲法改正草案要綱」をもとに、4月17日に「日本国憲法」の原案

が公表されました。そして5月16日、憲法「改正」を審議するため第90帝国議会が召集され、6月から、吉田内閣のもとで審議が開始されます。第90議会は4回にわたり74日も会期延長され、通算114日の長期議会になり、国民主権や基本的人権などを前進させる修正が行われました。そして、1946年11月3日に公布され、翌1947年5月3日に施行されます。日本国憲法は、国民主権、恒久平和、基本的人権の保障という三つの原則から成り立っています。

　日本国憲法の制定によって、政治の基本原則が天皇主権から国民主権に転換し、議会制民主主義と地方自治によって、国民が政治の主人公として政治に参加する道が開かれました。また、国民は市民的政治的自由と健康で文化的な人間生活を営む権利を、さらに平和のうちに生きる権利を獲得したのです。「臣民」から「国民」への転換でした。日本の社会と国家は、戦前の天皇制軍国主義から戦後の民主主義体制に大きく変化しました。

　そして、憲法第25条で生存権が、第27条で働く権利が保障されています。この権利を具体的に保障するために、翌年4月に制定された労働基準法第1条で「労働条件は、労働者が人たるに値する生活を営むための必要を充たすべきもの」と規定されました。こうした労働者の生存権、働く権利を守るために、憲法第28条で、団結権、団体交渉権、争議権（労働三権）が認められ、労働組合活動の自由が無条件に承認されます。

　重要なことは、憲法と労働基準法の制定によって、生存権、労働権、労働基本権などの諸権利を職場に具体化することが避けられなくなっており、それを政府や行政の主導で上から実施していくか、職場からのたたかいによって下から実現していくかのせめぎ合いが生まれていたことです。この意味で、「10月闘争」から、これから述べる「2・1ゼネスト」運動は、職場から労働基本権を具体化し、労働者の生存権の確保と経営の民主化に努力し、憲法を職場で現実化する画期的な意味を持っていたのです。

◆労働者の文化運動の発展

　このたたかいの中で、職場に根ざした労働者の文化運動が大きく発展しました。1946年8月30日には、日本民主主義文化連盟（文連）主催の「働く人たちの音楽祭」、9月9日には「人民解放の夕べ」が行われます。そこには、東芝堀川町工場の吹奏楽団、合唱隊など職場の音楽団が参加しました。さらに、10月9日の京浜地区労働組合文化連盟の大会には各職場の軽音楽団、洋舞踊団などが出演します。10月26日の日比谷公園旧音楽堂で開かれた「首キリ反対労働者音楽美術大行進」には日本ビクター音楽団、三菱重機分会音楽団、東芝堀川町音楽団、東宝労組音楽団など関東地方の職場音楽団が結集しました。

　こうした文化運動の前進は、労働者の団結と組合運動の活性化に大きな役割を果たします。高揚する労働運動を、職場の自主的なサークルを基礎に、労働者の文化運動が支えていたのです。

3　「2・1ゼネスト」運動から全労連の結成

◆共闘の結成と倒閣実行委員会の発足

　労働者のたたかいは、「10月闘争」から歴史的な「2・1ゼネスト」に向けて空前の高揚を迎えます。劣悪な状況の下にあった官庁労働者が生活擁護のために立ち上がりました。11月26日に全官公庁労働組合共同闘争委員会（共闘）が結成され、政府に共同要求を提出します。この要求を見ると、「越年資金本人1500円、家族一人あたり300円」「最低基本給の確立」「労働協約の締結」などの経済的要求が主なものでした。ただ相手が政府であることから、きわめて政治的な性格を持った経済闘争として出発します。

　経済闘争として出発した共闘のたたかいは、やがて倒閣運動＝政治闘争と結合します。11月29日、社会党労働組合委員会の提唱で全国労働組合懇談会（全労懇）が結成されました。これには、産別会議、総同盟、

全逓、国鉄総連、日本交通同盟、全日本機器、電産など、ナショナルセンターとその系列をこえた労働組合が結集します。4～5月の「政権空白期」以来、途絶えていた労働組合の共同行動が復活しました。その背景には、「10月闘争」の影響を受けた総同盟や社会党左派などの変化があります。11月になると、総同盟は「越冬攻勢」を正式に決定しました。

こうした中で、12月17日に50万人の参加による倒閣国民大会が開かれます。これを受けて、19日に社会党左派、共産党、労働組合による倒閣実行委員会が発足しました。労働組合の共同行動を基礎に、共産党と社会党左派との政治的共同戦線が成立したのです。

◆共同闘争を背景に新労働歌の誕生

共同闘争の復活を背景に、産別会議、総同盟、国鉄総連の三者の呼びかけで「労働歌」の募集が行われます。メーデーや労働者の集会で自分たちがつくった歌を大いに歌おうというものです。この呼びかけに2101編に及ぶ作品が集まり、当選した歌詞は、国鉄労組東鉄上野管理部内「国鉄詩人」編集部作「町から村から工場から」、東京山之内製薬従組向島支部竹内志華作「ああ太陽だ」、全日本電工労組神奈川支部日本ビクター分会篠崎正作「世界をつなげ花の輪に」の3編でした（1947年1月）。引き続き、歌曲も募集され、坂井照子曲「町から村から工場から」が当選し、箕作秋吉曲「世界をつなげ花の輪に」と山中二路曲「ああ太陽だ」が佳作になり（1947年2月）、この三つの労働歌が1947年のメーデーからその後のメーデーや労働者の集まりで歌われ続けていきます。

◆「ゼネスト突入宣言」とゼネスト禁止命令

共闘のたたかいを全労働者のものにするため、12月26日に全国労働組合共同闘争委員会（全闘）準備会が結成されます。ところが、1947年1月1日、吉田首相は年頭の挨拶で、たたかう労働者を「不逞の輩」と非

難したのです。労働者の憤激がつのり、共闘拡大会議は「ゼネスト宣言」を発表し、政府に2回目の要求を提出します。共闘は政府回答に満足せず、18日、2月1日からゼネストに突入する「ゼネスト突入宣言」を発表しました。これを支えるために、15日には、産別会議や総同盟も参加する全闘の結成大会が開かれ、2月1日は、全官公庁260万人だけでなく、官民あわせて600万人以上でゼネストが行われることになったのです。

　この事態の中で、占領軍の介入が始まります。1月22日、GHQの経済科学局マーカット局長は、共闘代表にスト中止を「勧告」しました。そして、1月31日、マッカーサー司令官がゼネスト禁止命令を発表し、ゼネストは中止を余儀なくされることになります。

◆世論の動向

　ゼネストに、世論は概ね同情的でした。「朝日新聞」は、「2・1ストと市民生活」の見出しで、「〝迷惑だけで判断してはならない。要求が正しく方法が間違っていなければ、多少の迷惑は忍んでも支持すべきだ〟という声も強い」と述べています（1947年1月30日）。また、「毎日新聞」は、次のような子どもたちの姿を紹介しています（1月29日）。

　大阪府立大手前高女で、ストについての全校討論会が行われました。学級ごとのクラス会、さらに全校の学級委員の討論会が行われたのです。その中で、「ストによる休校は私たちにはめいわくだ」という反対論が出されましたが、賛成が絶対多数で、「先生も家のことが心配では授業に専念できないでしょう。私たちもスト中は、盛り場をうろついたり家のじゃまをしないよう、家で勉強します」という発言が飛び出し、〝先生スト賛成〟を決定し、「私たちはみんなで声援し、スト中は先生に心配かけないようにして、先生らしい立派なストをやって頂きましょう」と申し合わせたのです。

　戦後民主主義成立期の日本社会の新しい息吹を感じさせるエピソード

と言えます。

◆「2・1ゼネスト」運動の意味

　それでは「2・1ゼネスト」運動の意味はどこにあったのでしょうか。第1に、「ゼネスト」が中止されたにもかかわらず、共闘の求めていた経済的要求はほとんど実現し、労働者の生活と権利の向上に大きな意味を持ったことです。賃金水準は2倍になり、各組合は労働協約を獲得しました。労働組合の幅広い共闘を実現し、経済闘争と政治闘争の結合する壮大な運動に発展することによって、経済要求の実現に成功したのです。

　第2に、吉田内閣の大量の人員整理による経済復興路線を打ち破り、憲法を職場に生かす大きな意味を持つたたかいであったことです。このとき勝ちとった労働協約を見ると、日本国憲法が制定され、働く権利、労働基本権に基づく上からの「労働改革」が開始されようとしているときに（労働基準法、1947年4月公布）、運動を通じて職場から「改革」を具体化するというきわめて大きな意味を持っていたことがわかります。

　たとえば、共闘の中心組合である郵政は、包括的で画期的な労働協約を獲得しました。郵政の労働協約では、団結権と団体交渉権が文句なく承認され、争議行為も、当局が業務命令で組合員の正当な争議行為を妨害しないとされています。組合活動に関しても、組合費のチェック・オフ、事務所の提供、勤務時間中の組合活動も、業務に重大なる支障がない限りこれを認めるとされたのです。人事に関しても

「2・1ゼネスト」のポスター／法政大学大原社会問題研究所提供

「任免及び賞罰の基準」を労使の協議で決めることになっており、「任免、異動及び賞罰」は本人や組合への事前通知が規定されています。このとき要求された労働協約の内容は、どれもが労働権が経営権を民主的に規制するものになっており、労働者の生活と権利を守るものであったのです。

◆全労連（全国労働組合連絡協議会）の結成

第3に、労働戦線統一の条件を拡大したことにあります。ゼネストに向けての共同行動の流れが、産別会議と総同盟の参加する全労連（全国労働組合連絡協議会）を発足させたのです（1947年3月）。組織労働者の84%、446万人を結集しました。

1946年8月、ナショナルセンターは、産別会議と総同盟とに分裂して出発しましたが、この分裂を克服する条件が生まれたのです。1946年8月までは、理念として統一の必要性が論じられても、その実践的条件が不足していました。統一行動の蓄積が不足していたからです。これを切り開いたのが産別主導の「10月闘争」であり、全労懇から全闘結成に至る共同行動の積み重ねでした。全労連結成によって、日本の労働組合運動史上、初めて立場の違いをこえて全国的組織統一が実現しました。ゼロから出発した戦後日本の労働組合運動が、わずか1年半近くで、ここまで到達したのです。

運動の分裂、そして弾圧と謀略、たたかう労働運動の敗退

1　産別会議の「自己批判」と民同運動の登場

◆産別臨時大会と「自己批判」問題

　「2・1ゼネスト」の中止以後、情勢が大きく変わりました。1947年4月、日本国憲法の施行を前に、参議院選挙、総選挙が行われ、参議院選挙でも総選挙でも社会党が第1党となりました。6月1日、社会党片山哲を首班とする社会党、民主党、国民協同党による中道政権（自由党は閣外協力）が成立しました。

　「2・1ゼネスト」が挫折することによって、それまでの運動の中にあった矛盾が吹き出してきます。それが、産別会議の指導と運動への「自己批判」要求として表面化しました。この事態に、産別会議は「自己批判」問題を大衆的に議論するために、7月に臨時（第2回）大会を開催しました。

　大会では激論が交わされ、「従来のわれわれの欠陥を大胆率直に自己批判することによって、『2・1ゼネスト』後の新しい情勢が産別会議に課している新しい、より高い任務を果たし一歩前進せんがための積極的なる自己批判」であることが確認されます。そのうえで、結成以来1年間の輝かしいたたかいの成果を評価しながら、ストライキ万能主義、階級的教育活動の不十分さ、組合と政党の関係などの問題を指摘しました。この限りでは、適切な「自己批判」ですが、二つの大きな問題が残されました。

一つは運動路線で、「２・１ゼネスト」禁止命令に象徴される占領軍への批判的見地が明確にされていないということです。ポツダム宣言に違反する介入を許さないという立場が曖昧にされていることです。もう一つは、組合と政党の関係の掘り下げが不十分であったことです。組合機関の民主的選挙と民主的運営、組合員の政党支持の自由など組合民主主義の検討が不十分でした。このことが、その後の産別会議に対する分裂攻撃を許す一つの要因になります。

◆国鉄反共連盟と産別民同の成立

　こうした状況の中で、たたかう労働運動の分裂をすすめる動きが本格化します。最初に国鉄で反共連盟が生まれ（1947年11月）、1948年２月に産別会議の内部に産別民主化同盟がつくられました。戦後労働運動の中でいわれる民同とは、この「民主化同盟」の略で、「２・１ゼネスト」のたたかいの後、組合の中で「反共」を目的として生まれた派閥のことです。

　彼らの思想的中心は反共主義であり、共産党の組合支配を批判しながら、社会党と強く結びついていました。この民同派の影響が、占領政策の転換と結びついて主要単産に広がっていきます。占領軍、日本政府、財界は、この民同派の運動を利用して産別会議などのたたかう労働運動の弱体化を図ったのです。1948年６月、総同盟が全労連から脱退し、やっと成立した労働戦線統一が１年ちょっとで事実上破壊されます。

◆日本共産党第６回大会

　1947年12月、日本共産党第６回大会が開催され、行動綱領が改定されます。その冒頭に、「ポツダム宣言の厳正実施」と「人民による経済復興と日本の完全独立」が掲げられ、占領軍の「ポツダム宣言」からの逸脱や日本の軍事基地化の危険に対応する方向を打ち出したのです。翌年の２月には、「民主民族戦線」の方針を決定します。こうした民族問

題[※1]の提起は、きわめて積極的な意味を持ち、労働運動に存在していた民族問題軽視に大きな影響を与えます。

> ※1　ポツダム宣言を受諾して降伏した日本は、政治や社会の民主化が基本的課題であった。ところが冷戦が激しくなると、占領軍は民主化を中断し、日本を反共の基地として確保する政策に転換し、日本を従属国にしようとし、ポツダム宣言を踏みにじり、日本の主権を半永久的に侵そうとした。この事態の中で、ポツダム宣言の厳正実施と民族の完全独立という民族問題が現実の問題になった。

2　占領政策の根本的転換と「政令201号」

◆冷戦の激化と芦田内閣の成立

1947～48年にかけて、中国革命の進展によって冷戦が本格化し、アメリカのアジア政策の見直しが始まり、対日占領政策が根本的に転換し始めました。「非軍事化・民主化政策」をやめて、「極東の工場、反共の防壁」として日本を復興させようとします。

民主勢力との対立が深まり、与党社会党の内部対立が激しくなって政府の補正予算案が否決されると、片山内閣は、1948年2月、総辞職しました。3月には中道政権の芦田内閣が成立します。芦田内閣は、民主党芦田均を首班とする社会党・民主党・国民協同党三党の連立内閣でした。

◆1948年3月闘争

芦田内閣が労働組合の「平均2.5人家族で7853円」の賃金要求を無視して2920円ベースを押しつけたことによって、官公庁労働組合が反発し、「3月闘争」が行われました。この「3月闘争」の先頭に立ったのは全逓[※2]です。闘争は地域闘争から全国闘争に発展しますが、またもや占領軍が介入します。とくに全逓が3月29日は東日本一帯、30日に西日本一帯、31日に全国一斉ストを指令すると、占領軍は全逓の全国ストを「2・1ゼネスト」と同じように禁止しました。

この介入によって31日の全逓の全国一斉ストは中止されますが、30日、31日と全国各地で地域ストが行われます。31日、あわてた占領軍は地域スト禁止の声明を出しますが、4月1日も、全逓の神奈川、宮城、北海道、青森の各地区は地域ストを続行します。日本の労働者階級は、地域闘争から全国闘争への展望を切り開き、占領軍の禁止命令にもかかわらずたたかいを続行したのです。

◆ 「政令201号」と公務員労働者のストライキ権の略奪

1948年7月22日、マッカーサー司令官は芦田首相に書簡を渡し、公務員法の全面改正と公務員労働者の争議行為の禁止、団体交渉権の制約を指示しました。これを受けた芦田首相は、7月31日、国家・地方公務員の団交権を否認し、争議行為を禁止する「政令201号」を公布します。このマーカーサー書簡は、これまでの「2・1ゼネスト」などへの介入とは質が違い、公務員労働者の憲法で保障されている労働基本権を制度的に否定するものでした。マッカーサー書簡は、「ポツダム宣言」、「降伏後ニ於ケル米国ノ初期ノ対日方針」に明記されている占領目的から逸脱しており、最高司令官の権限をこえたものと言えます。したがって占領軍の中でも対立が起き、キレン労働課長や労働課首脳が抗議声明を出して本国に帰ってしまいます。キレン労働課長は、アメリカの右派系の労働組合である AFL の代表です。その彼が抗議して帰国するというメチャクチャなものでした。

国労、全逓は「非常事態宣言」を出します。国労は「①ポツダム宣言完全履行と日本国憲法の完全実施、②団結権、団体交渉権、争議権の完全保障、③軍国主義、専制政治の復活と官僚制度絶対反対、④最低生活の保障、⑤日本国の完全独立」という基本的態度をあきらかにします。

全国各地で民主主義擁護、民族の独立のスローガンを掲げた社会運動が展開され、8月27日、民主主義擁護同盟[※3]準備会が結成されました。こうして日本の社会運動は、民主主義擁護を前面に掲げ、これを媒介にしながら、民族の独立を目標に据えるようになったのです。

「政令201号」反対闘争は戦闘的に行われ、国鉄、全逓の職場では職場離脱闘争が行われました。職場離脱闘争には、労働者の自然発生的な怒りや、やむにやまれぬ気分が反映されていましたが、職場を放棄することは、どんなに「英雄的」に見えても先進部分のみのたたかいになり、大衆的な労働運動として発展することは不可能でした。この意味で、職場離脱闘争は適切な闘争形態とは言えず、大衆的な運動を組織できずに敗北します。

やがて国家公務員法の改悪（1948年）、地方公務員法の改悪（1950年）によって、日本の公務員労働者からスト権が奪われることになります。今日、公務員労働者になぜスト権がないとされているかと言えば、こうした歴史的事情があったのです。

※3　占領下の日本でつくられた統一戦線組織。共産党の民主民族戦線形成の訴えに応え、1948年8月に準備会がつくられ、翌1949年7月に結成。民主主義擁護を前面に掲げ、統一戦線の発展のために大きな役割を果たした。

◆東宝争議—来なかったのは軍艦だけ

この時期のもう一つの大きな争議は東宝争議です。1948年の争議は第3次東宝争議でした。会社側は同年4月、大量の人員整理を発表し、それに抗議して組合が砧（きぬた）撮影所を占拠していましたが、東京地裁が組合側の撮影所占有を解く仮処分を決定し、8月19日に執行されたのです。そのために日本の武装警察官約2000人、その外側にアメリカ軍の戦車や装甲車が控え、上空には飛行機が旋回しており、まさに「来なかったのは軍艦だけ」でした。しかし、組合側は激突を避け、籠城134日におよんだ撮影所から、数百人の組合員が4列の隊列で腕を組み、インターナショナルを歌いながら整然と撤退したのです。先頭には五所平之助らが

おり、隊列の中には「ニュー・フェイス」の若山セツ子、久我美子らがいたのです。

第1次東宝争議は1946年3月から4月に行われ、生産管理闘争によって会社側と民主的な労働協約を締結します。第2次東宝争議は、1946年10月から12月にかけて、日映演（日本映画演劇労働組合）の統一闘争の一環として

東宝争議＝1948年4月、1000人の人員整理に対し195日間のストライキでたたかい、米軍の戦車まで出動する大争議となった

行われ、組合側はクローズド・ショップ制を獲得しました。映画制作に組合の意見が強く反映されるようになり、その結果、1946年に黒沢明「わが青春に悔いなし」、1947年には山本薩夫・亀井文夫「戦争と平和」、五所平之助「今ひとたびの」、衣笠貞之助「女優」、黒澤明「素晴らしき日曜日」などの名作ができたのです。そのうえに1948年の第3次争議が行われたので、労働問題と文化問題が結びついた運動になります。「東宝映画を守る会」「日本文化を守る会」など戦後初めての「守る会」運動が組織され、世論の支持を獲得しました。

その影響が大きいだけに、会社側を財界、政府、占領軍が一体となって応援し、力で争議を押しつぶしたのです。

東宝労組は、解雇を認めざるを得ませんでしたが、解決条件として、スト中に撮影中であった亀井文夫の「女の一生」の配給を会社側から譲り受け、その収益を使って日映演労組の自主制作「暴力の街」（山本薩夫）をつくります。この経験がやがて独立プロの活動に生かされ、「どっこい生きてる」「原爆の子」「真空地帯」などが生まれたのです。

3 「3つの謀略事件」と組合クーデター

◆「経済9原則」とドッジライン

芦田内閣は、復興融資に関わる汚職事件（昭電事件）で総辞職し、10月17日、第2次吉田内閣が発足しました。これから1954年12月の退陣までの6年2ヵ月に及ぶ年長期保守政権になります。

1948年12月、アメリカ本国政府の命令に基づき、GHQは日本政府に「経済安定9原則」を指令しました。「9原則」の実施は、敗戦から続くインフレーションを収束させ、日本経済を早急に「安定化」「自立化」させることにありました。

1949年2月、デトロイト銀行頭取のジョセフ・ドッジが来日しました。「経済9原則」の具体化のためです。占領軍経済顧問になったドッジは、徹底的に予算の縮減を図り、政府の補助金を大幅に削減します。ドッジの施策をドッジラインといいます。ドッジラインは、弱小企業を淘汰し、政府部門・民間企業の合理化を強要することになります。大量の人員整理、大型の企業整理は避けられませんでした。

占領軍、日本政府、財界が一体となり、産別会議などのたたかう労働運動に総攻撃を開始しました。攻撃の最大の焦点は、労働運動の先頭に立つ国労と全逓でした。定員法で大量の首切りを強行し、主だった革新派の幹部活動家を追放し、主導権を民同派に移行させようとしたのです。しかし、民同運動は、なかなかうまくいきませんでした。たとえば国労では、1949年1月の第6回大会で民同派提案の全労連脱退が否決され、逆に革新派提案の民擁同加盟が可決されます。6月の中央委員会では、民同派の反対を押し切って政府の行政整理に「最悪の場合はストをも含む実力行動を行う」という方針が決定されます。民同派の力だけでは、たたかう労働運動を押さえることができなかったのです。

◆「下山事件」「三鷹事件」「松川事件」

そうした中で、三つの謀略事件（下山事件、三鷹事件、松川事件）とそれを利用した民同派の「組合クーデター」が起きます。

1949年7月4日、国鉄の第1次首切り3万700名が発表されました。翌5日、国労と全逓の共同闘争宣言が出されますが、下山定則国鉄総裁が行方不明になり、6日未明、常磐線綾瀬駅付近で轢死体となって発見されます（下山事件）。7月12日、国鉄の第2次首切り6万3000人余が発表されました。国鉄労組が民同派の妨害を乗りこえてたたかおうとしている矢先、15日夜、東京・三鷹駅で入庫中の無人電車が暴走して民家に突入し、多くの死傷者が出るという事件が起きたのです（三鷹事件）。事件の衝撃が広がる中で、国鉄当局は、民同派を除く革新派の中央闘争委員の首切りを通告し、それを口実に民同派による組合執行部がクーデター的につくりあげられました。

さらに、政府は、8月11日、全逓に対して中央闘争委員を含む約2万6500人の首切りを発表します。これとどうたたかうかを議論している最中に、17日未明、福島県松川町で列車が転覆し、機関車乗務員3人が即死する事件が起きたのです（松川事件）。逮捕されたのは、国鉄と東芝の活動家でした。この事件の影響で、組合は混乱し、民同派が全逓の指導権を奪い取ったのです。

下山総裁の死が他殺なのか、自殺なのか真相は未だ不明ですが、下山総裁の死が政治的に利用され、大量の人員整理が強行されまし

松川事件＝1949年8月17日、福島県松川で列車が転覆し3人が死亡。同年7〜8月、国鉄が人員整理を計画する中で下山・三鷹・松川と3大謀略事件が発生し、労働者のたたかいは大打撃を受けた

た。

　三鷹事件では、犯人として共産党員や国鉄の組合員が逮捕されますが、裁判で共産党員の「共同謀議」という検察の主張は「空中楼閣」として退けられ、共産党員は全員が無罪釈放され、非党員竹内景助の単独犯行とされました。最高裁は竹内の単独犯行として死刑を宣告します。竹内は無罪を主張し、再審を要求していましたが、1967年に獄死します。

　松川事件は、第一審で死刑10人、無期懲役３人、有期懲役７人という極刑でしたが、14年間の大衆的な裁判闘争の結果、1963年９月の最高裁で全員の無罪が確定します。

　たたかう労働運動を常套手段で押しつぶすことは不可能でしたが、このように、弾圧と謀略と分裂という非常手段によってたたかう労働運動は後退を余儀なくされたのです。この点に関して、全逓の指導者であった民同派の宝樹文彦は、「解雇された役員は組合役員にはなりえない、という暫定的な方便を利用することにより、全逓内部の共産党員から指導権を奪還」したものであり、「生涯にぬぐうことのできない汚点」だったと述べています（「労働運動と私」『月刊総評』1962年12月号）。

戦後の組織状況の推移（各年6月末現在）

年	労働組合数	労働組合員数（千人）	推定組織率（%）	年	労働組合数	労働組合員数（千人）	推定組織率（%）
1945	590	381	3.2	1982	74,091	12,418	30.5
1946	17,266	4,926	41.5	1983	74,486	12,411	29.7
1947	23,323	5,692	45.3	1984	74,579	12,358	29.1
1948	33,926	6,677	53.0	1985	74,499	12,319	28.9
1949	34,688	6,655	55.8	1986	74,183	12,281	28.2
1950	29,144	5,774	46.2	1987	73,138	12,195	27.6
1951	27,644	5,687	42.6	1988	72,792	12,157	26.8
1952	27,851	5,720	40.3	1989	72,605	12,150	25.9
1953	30,129	5,843	36.3	1990	72,202	12,193	25.2
1954	31,456	5,986	35.5	1991	71,685	12,323	24.5
1955	32,012	6,166	35.6	1992	71,881	12,471	24.4
1956	34,073	6,350	33.5	1993	71,501	12,587	24.2
1957	36,084	6,606	33.6	1994	71,674	12,619	24.1
1958	37,823	6,882	32.7	1995	70,839	12,495	23.8
1959	39,303	7,078	32.1	1996	70,699	12,331	23.2
1960	41,561	7,516	32.2	1997	70,821	12,168	22.6
1961	45,096	8,154	34.5	1998	70,084	11,987	22.4
1962	47,812	8,784	34.7	1999	69,387	11,706	22.2
1963	49,796	9,270	34.7	2000	68,737	11,426	21.5
1964	51,457	9,652	35.0	2001	67,706	11,099	20.7
1965	52,879	10,070	34.8	2002	65,642	10,708	20.2
1966	53,985	10,308	34.2	2003	63,955	10,437	19.6
1967	55,321	10,476	34.1	2004	62,805	10,209	19.2
1968	56,535	10,775	34.4	2005	61,178	10,034	18.7
1969	58,812	11,143	35.2	2006	59,019	9,961	18.2
1970	60,954	11,481	35.4	2007	58,265	10,002	18.1
1971	62,428	11,684	34.8	2008	57,197	9,989	18.1
1972	63,718	11,772	34.3	2009	56,347	10,006	18.5
1973	65,448	11,967	33.1	2010	55,910	9,988	18.5
1974	67,829	12,325	33.9	2011	55,148	9,897	18.1
1975	69,333	12,473	34.4	2012	54,773	9,831	17.9
1976	70,039	12,374	33.7	2013	54,182	9,822	17.7
1977	70,625	12,293	33.2	2014	53,528	9,777	17.5
1978	70,868	12,233	32.6	2015	52,768	9,825	17.4
1979	71,780	12,174	31.6	2016	51,967	9,884	17.3
1980	72,693	12,241	30.8	2017	51,325	9,916	17.1
1981	73,694	12,355	30.8	2018	50,740	9,996	17.0

出所：厚生労働省「労働組合基礎調査」

Ⅱ
逆コースと労働運動の復活
(1950〜60年)

総評の結成と労働組合運動の復活

1 朝鮮戦争と総評の結成

◆朝鮮戦争のもとで自由と人権が制約

1950年6月25日、朝鮮戦争が勃発しました。北朝鮮軍が朝鮮を分断する38度線を突破して、大規模な軍事侵攻を開始します。これに対してアメリカは、直ちに介入を決定し、在日米軍が出動します。また中国代表権問題によるソ連の国連ボイコットの中で、安保理事会において「国連軍」の派遣が決議されます。「国連軍」の旗のもとに米軍が出動することになったのです。

日本はアメリカの重要な出撃基地となり、朝鮮戦争が日本の政治や社会を大きく変えていくことになります。戦争の中で、日本の民主勢力にさまざまな抑圧と規制が加えられ、憲法に規定された自由と人権が押さえられる状態が生まれました。デモと集会が一時、全国的に禁止され、1950年8月には全労連（当時）が解散命令を受けます。また同じときに民主勢力の統一戦線組織であった民主主義擁護同盟（民擁同）も解散に追い込まれたのです。そして弾圧の矛先は日本共産党に集中しました。6月6日、共産党の中央委員会の全員が公職追放され、翌日には「アカハタ」編集委員が追放されます。6月から7月にかけて、「アカハタ」の発行禁止、その後継紙、同類紙という認定のもとに中央紙、地方紙が次々に発行停止処分にされました。共産党は政治活動の自由を奪われ、事実上の非合法の状態に追い込まれたのです。

総評結成＝産別会議、総同盟の時代は終わったとして、新たなナショナルセンター総評（日本労働組合総評議会）が1950年7月11日に結成された。

◆親米反共の総評の結成

　1950年7月、総評（日本労働組合総評議会）が結成されました。総評の指導権を握っていたのは「反共民同」でした。「民同勢力」は内部対立などでゴタゴタしていたのですが、アメリカの強力な介入のもとで総評結成が短期間に行われました。1949年11月、GHQの強力な働きかけのもとで、国際自由労連[※1]結成大会に全鉱、全繊同盟、日教組の民同派の委員長が参加します。GHQ労働課長エーミスの付き添いで、費用もGHQから支給されたのです。この参加運動と連動して、私鉄総連の提唱による「全国労働組合統一懇談会」が開催されます。これが総評結成の出発点になります。こうして1950年3月に、「総評結成準備会」が発足し、7月に総評が結成されたのです。総評は日本社会党支持を決定しました。

　当時国際労働運動は、世界労連[※2]の分裂問題で大きく揺れていました。アメリカはアメリカ主導のヨーロッパ復興を考えており、世界労連がそれを受け入れないとみるや、米英の労働組合を中心に世界労連の分裂を図り、国際自由労連を結成したのです（1949年11月）。アメリカの世界

政策を支持し、反共・労資協調主義を世界に広げる目的をもつ国際自由労連に連動するナショナルセンターを早急に日本につくる必要があったのです。こうしてアメリカ占領軍の強力な支持のもとに「史上まれにみる速度」で反共親米・労資協調主義の総評が結成されました。

※1　国際自由労働組合連盟の略称。アメリカ政府のヨーロッパ復興のマーシャル・プランを世界労連に支持させようとして失敗したTUC（イギリス労働組合会議）やアメリカのCIO（産業別会議）が世界労連から脱退し、1949年12月、AFL（アメリカ労働総同盟）などとともに結成した。結成以来、反共、親米、労資協調主義の路線に立っている。

※2　世界労働組合連盟の略称。第2次世界大戦中の反ファシズム統一戦線を土台で支えた連合国側の労働組合を中心に、全世界の労働組合の統一組織として1945年10月、パリで結成された。

◆労働者の人権破壊のレッド・パージ

　朝鮮戦争が勃発すると、全産業にわたるレッド・パージ（共産党員などの追放）が強行され、職場から多数の活動家が追放されます。新聞・放送部門から始まり、電産、日通、映画へと広がり、1950年7月から11月までに職場を奪われた活動家は1万3000人を超えます。

　レッド・パージの特徴は、何らの法的根拠もなく、共産党員とその支持者という思想上の理由による一方的なファッショ的な解雇でした。民同派は労働者の人権破壊であるレッド・パージを黙認し、場合によっては積極的に協力したのです。電産で指導権を握った電産民同は、組合員に「極左勢力に属していない」という確認書を提出させ、それを拒否した者を除名し、2000人を超える活動家の追放に協力しました。

　レッド・パージに反対するたたかいは非常に困難でした。すべての労働者の権利闘争として組織することが難しく、個々の労働者の孤立したたたかいになりがちでした。国鉄大井工場では、レッド・パージに抗議して、労働者（山岸一章、後に作家）が32メートルの大煙突に7日間ものぼり続け、その煙突の上で「民族独立行動隊の歌」の歌詞を作ったのです。

〝民族の自由を守れ　決起せよ　祖国の労働者　栄えある革命の伝統を守れ〟という歌詞で始まるこの歌は50年代から60年代にかけて労働運動や民主運動の中で歌われ続けていきます。

　こうして、1949年夏の後退に続くレッド・パージによって、たたかう労働組合運動は深刻な打撃を受けることになります。

2　産別会議の弱体化と日本の労働組合の問題点

◆産別会議の果たした役割と問題点

　弾圧と分裂、そして謀略、さらにはレッド・パージによる職場から大量の活動家の一掃などによって産別会議は弱体化し、労働組合運動の主導権を奪われ、大きく後退していきます（やがて1958年に解散）。しかし、産別会議の果たした役割はきわめて大きなものがありました。

　第1に、労働組合活動の自由、労働者の生活と権利、職場の民主化、日本社会の民主化をめざして全力をあげてたたかい、労働組合の存在意味をあきらかにし、労働組合の社会的影響力を広げるうえで大きな役割を果たしました。組織率を見ると、1949年に55.8％になり、戦後最高の水準に到達します。

　第2に、結成間もない中で、1946年の「10月闘争」から「2・1ゼネスト」運動を組織し、全労連の結成に見られるように、労働戦線統一に向けて奮闘したことです。第3に、事業所別組合として出発した労働組合を産業別組織に再編するために、産業別結集と産業別統一闘争の発展に力を入れ、地域共闘や国民との共闘を追求しました。第4には、世界労連との連帯など、国際連帯の立場を貫いていたことです。

　このように産別会議はきわめて大きな役割を果たしたのですが、同時に、克服すべき問題点を抱えていました。第1は、組合民主主義の弱さです。政党支持の自由の原則を掲げながら、当時の共産党の誤りと結びついて、党と大衆団体の区別を曖昧にしたり、上からの「引き回し」を

行うなどの重大な問題を抱えていました。この段階では、戦前以来のセクト主義である「赤色労働組合主義」や「社会ファシズム論」などを克服できなかったのです。この弱点が民同派の分裂攻撃で利用されます。第2の問題は、組合員の階級的自覚を高める階級教育の不十分さです。要求や課題の議論が役員や幹部の間にとどまり、職場に根を下ろして1人ひとりの組合員の自覚を高める活動がきわめて不十分でした。

◆事業所別労働組合から企業別労働組合への変質の開始

　ここでみておく必要がある問題は、戦後の日本の労働組合の出発が一企業のほとんどすべての労働者を一つの単位として組織している事業所別労働組合であったことです。いまいわれる企業別労働組合は、この事業別労働組合の変質によって、50年代、60年代に形成されました。それでは、戦後初期になぜ産業別ではなく、こうした全員参加型の事業所別の組織形態が生まれたのでしょうか。

　第1に、敗戦後まもなく自然発生的に無数の労働組合が全国で組織されますが、日本にはまだ結集の目標となる全国的な中央組織であるナショナルセンターが存在していませんでした。

　第2に、敗戦後の生活難、食糧難の中で、すべての労働者、従業員を、職制であれ、技術者であろうと組合に組織することが可能になり、そのことが経営陣とたたかううえで有利であったからです。とりわけ、経営の民主化にとって、全員参加型の組織形態は有利な形態でした。

　第3に、企業に所属しない、職業的な戦前の右翼ボスの再登場を警戒していたことです。

　こうした諸要因の複合によって、世界の労働組合運動史で例のない速度で労働組合の組織化がすすみ、特殊な事業所別労働組合という組織形態になったのです。産別会議は、この事業所別労働組合を産業別労働組合に脱皮させるため、階級的労働組合運動を発展させ、産業別結集と産業別統一闘争を強化しました。ところが、1947〜48年を画期に弾圧と分

裂、謀略によってたたかう労働組合運動が敗北し、産別会議が大きく後退する中で戦後初期の事業所別労働組合の企業別労働組合への変質が始まります。

3 日米安保体制の成立と総評の変化

◆両条約の締結と基地国家日本

　朝鮮戦争が勃発すると、アメリカは日本をアジアにおける前進基地として確保するために、講和条約の締結を急ぎ、同時に安保条約を締結します。1951年9月、アメリカのサンフランシスコで講和会議が開催され、中国・ソ連を除いた講和条約が調印されました。そして同日、米国と日本だけで日米安保条約が締結されます。

　講和条約によって、沖縄が引き続きアメリカの全面的な軍政下に置かれ、安保条約によって日本本土も米軍の自由出撃基地になりました。こうして日本全体がアメリカの基地国家に変えられたのです。講和条約が締結されたにもかかわらず、日本の主権が踏みにじられ、真の独立を回復できませんでした。

◆平和四原則と総評の転換

　この講和問題をめぐって、「民同勢力」の内部対立が激しくなり、総評は急速に変化します。1951年3月の総評第2回大会で、激論の結果、「平和四原則」（全面講和、中立、軍事基地反対、再軍備反対）を採択します。反共親米からの転換が始まったのです。またこの大会で、本部提案の「国際自由労連への一括加盟」が相対多数でしたが、3分の2にならず、廃案になります。アメリカの総評結成の最大の理由が否定されたのです。役員人事で事務局長に左派の高野実が就任します。占領軍労働課長エーミスは、大会の翌日、総評幹部をまねいて「占領政策に違反する」と注意しますが、総評は積極的に平和運動に参加していきます。い

わゆる〝ニワトリからアヒルへ〟の転換が始まったのです。

　この背景には、重要単産の変化がありました。日教組は、１月の中央委員会で「教え子を再び戦場に送るな」のスローガンを掲げ、「講和に関する決議」を可決し、「平和四原則」を採択します。国労も、６月の大会で激しい議論の末、「平和四原則」を決定しました。こうして有力な労働組合が次々と「平和四原則」を決めていきますが、この総評の転換はスムーズに行われたのではなく、総評指導部の対立が深まり、民同派が右と左に分裂していくことになります。右派は、「平和四原則」に反対しますが、総評の中でだんだん孤立し、「平和四原則」を主張する民同左派が総評をリードしていくことになります。

◆教研集会が始まる

　日教組は、1951年５月の第８回大会で、「教育研究大会の開催」を決定します。その位置づけは「われわれの教育研究活動は常に教育文化の問題を政治、経済その他の社会的な問題との関連とにおいて把握、『生活を守るたたかい』や『権利を守るたたかい』と同一の場において民主的に展開し、働くものの解放のための教育文化の建設を目標とする」というものでした。第１回教研大会は1951年11月に約3000人の参加で開かれます。「自主的教育の確立」を基本目標に11の分科会で討論されましたが、大会全体の中心的研究課題は平和教育でした。第４回以降は基本目標が「平和を守り真実を貫く民主教育の確立」となります。教育労働者としての生活と権利を守るたたかいと結びつけて、教育実践という仕事を通じて日本の平和や働くものの「教育文化」の建設をめざす自主的運動が開始されたのです。

　同時に注目するのは、1950年前後に、戦前以来の民間教育運動の遺産を継承、発展させようとする民間教育運動の諸団体が結成されています。たとえば、歴史教育者協議会（1949年）、日本学校劇連盟（後の日本演劇教育連盟、1949年）、日本版画協会（1951年）、数学教育協議会（1951

年）、日本作文の会（1952年）、教育科学研究全国協議会（後に教育科学研究会、1952年）などです。また、1952年5月、「日本子どもを守る会」が結成されました。

◆破防法反対のストと労働組合運動の復活

　1952年7月に破防法（破壊活動防止法）[※3]が成立します。破防法は、占領期の団規令（団体等規正令）（1949年4月公布）[※4]のかわりに導入されたのです。民同派は団規令やレッド・パージを容認しましたが、破防法に対しては大規模なストライキを組織して抵抗しました。戦後初めての政治的ストライキといえます。4月に政府が破防法案を国会に提出すると、前後5回にわたるストライキと統一行動を展開します。労働省（当時）の調査によると、参加人員の延べ総数は270万人、そのうち実質的な実力行使を行ったものは129万人でした。このたたかいの中で第1波ストから脱落した責任を問われて、炭労委員長であり総評議長の武藤武雄（民同右派）が辞任を余儀なくされます。総評の転換を象徴した出来事でした。1949年に後退を余儀なくされた労働組合運動が破防法反対の民主主義闘争を通じて、それも半年にわたる政治ストと統一行動を通じて復活したのです。

　このたたかいの中で、文化団体や知識人の広範な運動が起きます。5月12日には、政党、労働組合、農民組合、文化団体などによる悪法反対国民運動連絡会が発足して「憲法と

破防法反対闘争＝職場大会を開く日産自動車横浜工場の労働者／1952年4月

基本的人権の擁護の立場から」、法案の撤回を求める「抗議文」を発表しました。さらに、婦人団体連絡委員会（日本キリスト教女子青年会、日本婦人有権者同盟など）の悪法反対の決議、日本新聞協会警告声明、日本文芸家協会反対声明、日本学術会議総会の反対声明、全国大学教授連合の要望書などが発表され、破防法反対の世論形成に大きな影響を与えました。破防法反対の政治ストはこうした国民的支持のもとで行われ、このたたかいを通じて総評の転換がすすんだのです。

※3　1952年、民主的政党や団体の活動を「暴力主義的破壊活動」などの名目で弾圧するために制定された治安立法。

※4　政党や団体の取り締まりを目的として、1949年4月に制定された占領法規。サンフランシスコ講和条約発効後、破防法に引き継がれた。

◆なぜ総評の転換が可能になったのか

　この総評の転換を象徴するのが、1952年7月の総評第3回大会でした。この大会で国際自由労連一括加盟問題が最大の議論になります。全鉱、海員、全繊同盟から3組織共同の一括加盟案が提案されますが、大差で否決されます。前年の第2回大会では、否決されたものの、一括加盟が相対的多数でしたが、今度は圧倒的多数が反対でした。アメリカの政策を支持し、日本の再軍備を認める国際自由労連に対する反発が示されたのです。その後この問題は総評大会に提案されることはありませんでした。

　それではなぜ総評の転換が可能になったのでしょうか。第1に、ドッジライン（1949年、アメリカ占領軍経済顧問ドッジによって実施された経済政策）から朝鮮戦争のもとで、職場での労働強化が強まり、さらに戦後の民主化で勝ちとった労働者の権利が奪われ、労働者の不満が高まっていたことです。第2に、したがって、民同派も、労働組合運動の主導権を維持するには、下からの労働者の不満や要求を組織せざるを得なかったのです。第3に、朝鮮戦争下の民主主義と権利破壊の進行の中で、平和運動と民主主義運動が前進し、日本国憲法の再認識が急速に強まっ

たことです。その中で、民同左派もこの憲法原理＝平和と民主主義の原則を受け入れざるを得なくなったのでした。こうした諸要因が結びついて、〝ニワトリからアヒルへ〟と言われる総評の転換が可能になったといえます。

◆総評の大きな問題点

このように親米反共・労資協調主義で結成された総評が短期間のうちに転換したのですが、そこには、依然として労働組合運動にとって重大な問題が残されていました。それは「特定政党支持」の問題です。産別会議を共産党支配と言って批判しておきながら、政党支持の自由という原則を認めず、みずからは日本社会党という特定政党を支持し、それを組合員に強制したのです。労働戦線の統一、民主勢力の団結を妨げるセクト主義、分裂主義の立場に固執していました。このことがその後の日本の労働組合運動にきわめて有害な役割を果たすことになります。

旧安保体制下の労働運動

1 革新政党の混乱と労働運動の戦闘化

　アメリカ占領軍に全面的に支援されて結成された総評が〝ニワトリからアヒルへ〟と言われるように、短期間に転換を始めました。それはアメリカ占領軍の期待を裏切る歴史の激動とも言えます。そしてこの時期、労働運動に大きな影響力を持つ革新政党が混乱します。この革新政党の混乱という困難の中で、労働運動は戦闘性を取り戻していきました。

◆社会党の分裂と左派社会党・総評ブロックの形成

　1950年代初頭の社会党は、党内で左派の影響力が拡大し、全面講和路線をとります。1950年12月の中央執行委員会で「全面講和」「中立」「軍事基地反対」の「平和三原則」を正式に決定します。さらに、1951年1月の第7回大会で「再軍備反対」を明確に打ち出し、従来の「平和三原則」を「平和四原則」に発展させます。この「平和四原則」の採択が、総評の転換にも大きな影響を与えました。

　しかし、社会党内の左派と右派の対立が激化し、ついに講和・安保の両条約の批准をめぐって社会党は分裂します。1951年10月、第8回臨時大会が開かれ、「両条約反対」の左派と「講和条約賛成・安保条約反対」の右派・中間派に分かれたのです。左派社会党は総評との関係を強め、一連の国政選挙で大きく躍進します。この中で左派社会党・総評ブロックが形成されます。

◆日本共産党の分裂と混乱

　共産党は、全面講和のたたかいに精力的にとりくみますが、ソ連の指導者であるスターリンらの干渉で武装闘争路線を押しつけられ、それをめぐって分裂状態になっていました。1950年1月6日、コミンフォルム（ヨーロッパ共産党・労働者党情報局）の機関紙に論評「日本の情勢について」が発表されました。この論評をめぐって、日本共産党中央委員会が分裂します。スターリンらは、中国革命の勝利がほぼ確実になると、スターリン主導、中国「副官」によるアジアの解放運動の拡大に力を入れます。その具体化が1949年11月のアジア・太平洋州労働組合会議における劉少奇演説でした。中国革命の指導者の一人である劉少奇は、スターリン構想に基づいて、武装闘争こそがアジアの「人民解放闘争の主要な形態となる」と演説しました（「劉少奇テーゼ」と言われている）。1950年1月のコミンフォルム論評は、このスターリン構想に基づく武装闘争路線押しつけの開始であったのです。

　分裂した日本共産党の一方の側の指導部は、武装闘争方針の提起など極左的な冒険主義の運動にとりくみ、さらに社会民主主義主要打撃論などの左翼セクト主義によって社会運動や労働運動を混乱させ、日本共産党は労働者や国民から孤立していきます。1951年2月に「大会に準ずる」とされた「4全協」（第4回全国協議会）で民族解放戦争という軍事方針を決め、同年10月には「5全協」が開かれ、スターリンらの作成した「51年文書」（いわゆる1951年綱領）が決められます。こうして1952年の前半に軍事方針が実行され、共産党は国民から孤立し、同年10月の総選挙で同党の議席がゼロになります。いわゆる「50年問題」です。

◆炭労、電産スト

　総評の転換と労働運動の戦闘性の回復を象徴したのが、1952年秋の炭労（日本炭鉱労働組合）・電産（日本電気産業労働組合）のストライキ

でした。

　このたたかいは、総評の賃金綱領（1952年1月決定）に基づき、「理論生計費」を基礎とする賃金要求をしたのに対して、会社側が「合理化」で対抗してきたのです。総評の賃金綱領はマーケット・バスケット方式に基づいており、「主婦」がマーケットにバスケットを持って買い物に行き、バスケットいっぱいの買い物をした場合、どのぐらいの金額になるのかを理論的に計算して、賃金要求を算出するという特徴を持っていました。この賃上げ闘争の先頭に、基礎産業である石炭と電気の労働組合が立ったのです。

　炭労と電産は共闘会議を結成し、全国ストでたたかい（炭労63日、電産90日のスト）、「二大ストに屈服すれば日本の労働運動は左翼一辺倒になる」と日経連（日本経営者団体連盟）を恐れさせましたが、その直接的成果はそれほど大きなものではありませんでした。しかし、この両基幹産業での「合理化」の強行に打撃を与え、他産業の労働者を大きく励ましたのです。その後青年労働者の中で歌い続けられた「しあわせのうた」は、この電産のたたかいから生まれました。

　しかし、電産の場合には、この争議をきっかけに、組合が弱体化し、後退します。政府は、全国一本の日本発送電会社を解体し、全国を9地方の電力会社に分断する電力産業再編成政策を強行しました。それに合わせて、電産労組の切り崩しが始まり、全国単一の電産労組が、9つの企業別組合に分割され、右傾化します。

　一方、炭労は戦闘的組合になります。このたたかいの中で、主婦の活動が注目されます。決起大会を開いて要求貫徹を申し合わせ、デモ行進や座り込みを行い、行商や街頭カンパ活動で夫や息子たちを励ましたのです。主婦の会＝炭婦協（日本炭鉱主婦協議会）が生まれ、「主婦」が夫や息子を励まし、たたかいを家族ぐるみで支えたのはこのときからでした。

　政府は、このたたかいに対抗し、1953年8月、石炭と電気のストライ

キ規制法の制定を強行しました。

◆ 4 単産批判と全労の結成

この炭労と電産の争議直後（1952年12月）、海員（全日本海員組合）、全繊同盟（全国繊維産業労働組合同盟）、日放労（日本放送労働組合）、全映演（全国映画演劇労働組合）の右派4単産は、「四単産声明」を発表し、総評が出発時の「民主的」理念からはずれ、階級闘争至上主義の政治的偏向に陥っていると批判しました。彼らは総評の転換に我慢ならなかったのです。しかし、彼らは総評内でますます孤立し、1954年に総評を脱退して全日本労働組合会議（全労会議）をつくります。これが後に同盟（1964年）になります。

◆日産自動車の争議

1953年の夏、日産自動車の争議が行われました。賃上げ要求から出発して、首切り反対闘争に転換し、組合側の敗北になります。この時期の労働運動の戦闘性と資本の側の反撃の強さを示すたたかいでした。当時、全自動車日産の組合は「単独講和」に反対してストライキを行い、職場闘争にも積極的で、多数の活動家を養成してきわめて戦闘的な組合と評価されていました。しかし、経営側の攻撃はきわめて用意周到な準備をしており、激闘の末、第二組合をつくられて組合が分裂させられ、戦闘的な幹部や活動家が追放されると、争議はやがて敗北します。その結果、日産の組合は資本に協力する最も右翼的な組合に変質します。

◆ 〝ぐるみ闘争〟—国民総抵抗路線

こうした「右」からの攻撃の中で、総評は当時の事務局長であった高野実の強力な指導のもとで、戦闘化します。1953〜54年にかけて、「街ぐるみ、家族ぐるみ」の総抵抗による〝ぐるみ闘争〟という方式で、資本の首切り「合理化」に反対してたたかいを繰り広げました。

1953年には、三鉱連（全国三井鉱山労働組合連合会）の争議、1954年には尼崎製鋼、日鋼室蘭の争議と激しいたたかいの連続でした。三鉱連の争議は、「去るも地獄・残るも地獄」のスローガンのもとに、6000人の首切りに反対して「英雄なき113日のたたかい」をやってのけ、希望退職はふせげませんでしたが、指名解雇は撤回させました。職場闘争班と地域闘争班を基礎に1人ひとりの労働者と家族の創意とエネルギーが発揮され、三鉱連は、会社の大量解雇をやめさせたのです。それまで日本の労働組合運動は、解雇撤回にほとんど成功していませんでしたが、職場を基礎に、地域ぐるみの大衆的なたたかいで勝利しました。また1954年の日鋼室蘭の争議では、労働者の4分の1にあたる900人の首切りを撤回させることはできませんでしたが、地域ぐるみ、家族ぐるみのたたかいで193日という予想もしなかった長期のストライキが粘り強くたたかい抜かれたのです。

　総評事務局長の高野実らは、資本の「合理化」政策の背景に支配層らによる戦争準備の軍事経済の推進があると判断し、労働者の経済闘争と平和のたたかいを結合し、地域ぐるみ、家族ぐるみでたたかう国民総抵抗路線を提唱していました。また、1954年3月に日米 MSA 協定[※1]（日米相互防衛援助協定）が調印され、再軍備が本格化する（1954年に自衛隊の発足）と、日米 MSA 協定の軍事的性格を暴露し、これに対抗して、民族の危機への抵抗と日本経済を平和経済に転換させるための平和経済プランの闘争を提起します。その土台に地域からの〝ぐるみ闘争〟が位置づけられていたのです。

　この意味で、〝ぐるみ闘争〟は、〝大砲かバターか〟を労働運動に提起し、国民的たたかいの重要性とそのたたかいにおける労働者階級の指導的役割を示していました。それは、労働運動の闘争領域を拡大し、国民との結合を深めるという点では積極的な側面を持っていたのです。とくにあらためて労働運動にとって「地域」の持つ意味を提起したことは重要な意味を持っていました。

同時に、高野らの〝ぐるみ闘争〟路線は、民族の危機による日本経済の破壊を一面的に強調し、財界が産業の破壊ではなく、「合理化」によるみずからの復活強化をすすめていることへの認識と対応の不十分さをもっていました。具体的には、産業別統一闘争の事実上の軽視などの大きな弱点を持っていました。

　こうした高野路線は、社会党や共産党が分裂し、総評が事実上、政党の肩代わりをして国民運動をリードするというこの時期の特殊な情勢を反映していたと言えます。一連のたたかいは激しく、長期化しますが、資本の「合理化」の壁を打ち破ることが困難になり、〝ぐるみ闘争〟の限界が指摘されるようになり、民同左派の中からも高野路線への批判が生まれてきます。

　※1　アメリカの「相互安全保障法」（MSA）にもとづく協定で、日本に対する戦闘機などの軍事援助と引き換えに自衛隊の増強が義務づけられる。アメリカはこの協定に基づき、軍事顧問団を常駐させ、自衛隊を対米従属の軍隊として育成・強化する役割を果たさせた。

2　平和・民主主義の運動と労働運動

◆基地闘争―内灘闘争と沖縄の〝島ぐるみ〟のたたかい

　基地国家日本の成立の中で、内灘（うちなだ）や沖縄などの基地闘争が続出しました。1950年代の基地闘争は、基地そのものに反対するのではなく、米軍基地の新設、接収、拡張に対するたたかいでした。

　石川県内灘の基地闘争（1952〜53年）は、米軍試射場のための土地接収に反対するたたかいで、本土の基地反対闘争の先駆けと言えます。土地を接収され、生活の場を奪われる村民のたたかいを、石川県評など労働組合、左右社会党、共産党、労農党から改進党までも含む野党、県青年団体連合、県婦人団体連合などの幅広い支援体制が支えたのです。とくに、北陸鉄道労働組合は、6月14日、7月19日、7月24日と3次にわ

たる軍需輸送拒否のストライキを行いました。軍事輸送拒否のストライキは、労働組合として初めてのことでした。このたたかいの中で掲げられた「金は一年、土地は万年」のスローガンはその後の基地闘争に引き継がれていきます。

　沖縄の島ぐるみのたたかい（1953〜55年）は、基地建設のために銃剣とブルドーザーによる土地取り上げに反対するたたかいです。琉球政府立法院が全会一致で可決した決議（一括払い〈地代の〉反対、適正補償、損害賠償、新規土地接収反対の四つの要求）＝「土地を守る四原則」を掲げたたたかいでした。アメリカが「プライス勧告」[2]でこの要求を拒否したために、島民の怒りは頂点に達し、沖縄のたたかいは〝島ぐるみ〟のたたかいに発展します。アメリカの脅しと巧妙な手口で県民の分断が図られますが、たたかいは粘り強く行われ、1956年12月、那覇市長選で人民党の瀬長亀次郎が当選しました。

※2　1955年10月、M・プライスを団長とする調査団が沖縄に派遣され、翌年、報告書を発表する。この報告書が「プライス勧告」とよばれる。

◆原水爆禁止署名運動と第１回世界大会

　日本の国民的な平和運動は、アメリカの水爆実験によるビキニ被災（1954年３月）を契機とする原水爆禁止世界大会から始まります。ビキニ被災は、日本国民に衝撃を与え、日本でかつて経験したことのない空前の署名運動を生みだしました。1954年10月上旬に1000万を超え、11月に2000万を超えたのです。この署名運動の発展の中から、1955年８月に第１回

原水爆禁止署名運動＝1954年３月１日、第五福竜丸がビキニ環礁での水爆実験で被爆、国民の怒りは原水爆禁止署名運動として全国へ広がる／1954年４月17日

原水禁世界大会が広島で開催されますが、大会直前に署名は3000万を超えました。

　大会では、被爆者の救援と世界中ですすめられている原子力戦争準備に反対することが確認されます。こうして、1954年3月のビキニ事件を契機に、全国的に盛りあがった原水爆禁止の署名運動の中で、世界大会が開催されたのです。この運動は、文字通り、党派をこえた国民運動であり、原水爆禁止という日本国民の願いが平和運動の中心課題に定着したのです。この運動の国民的発展は、戦争＝核戦争は絶対ダメという国民意識を成熟させていくことになります。

◆近江絹糸の「人権争議」

　こうした原水禁運動などの新しい国民運動の高揚の中で、労働運動も発展し、これまで見られなかった分野や産業に広がっていきます。その典型が、1954年の近江絹糸の「人権争議」です。この争議は、現代の「女工哀史」[※3]と言われたように、近江絹糸の人権抑圧の労働者支配の実態をあきらかにしました。労働者たちは、組合を認めよ、拘束8時間労働の確立、仏教の強制反対、結婚の自由を認めよ、信書の開封、私物検査をやめよという人間としてあたりまえの要求を掲げて、ストライキに入ります。世論に支えられ、106日間のたたかいによって全面勝利します。この近江絹糸のたたかいに続いて、病院、

近江絹糸争議＝大阪の近江絹糸で1954年5月に組合を結成、全繊同盟に加盟し「仏教の強制絶対反対、結婚の自由を認めよ」など22項目の要求を提出して、長期にたたかわれた争議。人権闘争として世論の共感を集めた。たたかいの中で明るさがよみがえった組合員

商社、レストラン、さらに大阪、東京、名古屋の証券取引所や地方銀行の間にもたたかいが広がり、ストライキが行われたのです。

※3　労働者出身の細井和喜蔵が、自身と妻の紡績女工の体験をもとに、1925年に『女工哀史』を刊行。過酷な深夜労働、外出の自由もない寄宿舎、踏みにじられる女工の人権などが告発されている。まさにその現代版の労働者支配に対するたたかいともいえる「人権争議」だった。

◆1955年2月の総選挙──改憲発議を阻止

　この中で、1955年2月に総選挙が行われます。鳩山一郎首相は1月の遊説中に「特別国会で超党派な憲法調査会をつくり、そこで検討のうえ、成案を得たら適当な時期に国会に提案したい」と改憲の意欲を示したのです。この意味で1955年の総選挙は、改憲を許すか阻止するかというたいへん重要な意味を持っていました。選挙の結果を見ると、民主党が第1党になりますが、同時に社会党、とくに再軍備反対、憲法擁護を掲げた左派社会党が大きく躍進し、労農党、共産党も議席を獲得して、革新政党が改憲発議を阻止する3分の1の議席を確保したのです。この背景には、原水禁運動などこの時期の平和と民主主義の運動など社会運動の新たな高揚があったのです。

3　日本生産性本部の発足と春闘の開始

◆自民党の結成と「55年体制」の成立

　1955年2月の選挙結果に脅威を感じた財界は、保守政党の合同を強く要求しました。5月の経団連（経済団体連合会）総会で「当面の政局に対し保守連携を要請する決議」を採択し、10月の日経連臨時総会は「清新にして強力なる政治力」の確立を決議します。この財界の強い要請を背景に保守合同の動きが急速に強まり、1955年11月、民主党、自由党の合同によって、自由民主党（自民党）が結成されました。戦後の保守政党の分裂状態が克服され、単一保守政党が誕生します。幹事長にはA級

戦犯容疑者の岸信介が就任しました。

　同年10月、社会党が統一大会を開き、統一を回復します（64頁参照）。1955年１月に左右両派がそれぞれ臨時大会を開いて統一を決議し、統一が実現したのです。

　こうした保守合同と社会党の統一によって生まれた政党関係が「55年体制」と呼ばれています。

◆日本生産性本部の発足

　高度経済成長が1950年代半ばから始まりました。この経済成長を推進したのが「生産性向上」運動[4]です。1955年に日本生産性本部が設置されると、「生産性向上計画に関する日米両国政府の交換文書」が取り交わされ、技術援助協定が締結されます。アメリカからの技術導入によって既存の製造技術、生産設備体系が一変し、さらにこの「技術革新」の基礎のうえにアメリカ式の新しい搾取形態が広範に導入されていきます。こうして、高度成長が本格的に開始されたのです。

> ※４　第２次世界大戦後の「合理化」運動の主な形態。生産性の向上で、労働者の生活も良くなると主張し、労働者の意識を生産性向上への協力に集中させる運動。独占大企業がすすめる労働強化および超過搾取の運動で、労働運動を労資協調に引き込む思想的・社会的カンパニアでもあった。

◆春闘の開始

　1955年７月、総評第７回大会の事務局長選挙で、国労出身の岩井章が高野実を破って当選しました。翌年の大会で太田薫（合化労連〈合成化学産業労働組合連合会〉）が議長に就任して、総評の指導部が高野ラインから太田・岩井ラインに交代します。この交代を象徴するのが〝ぐるみ闘争〟にかわる春闘の開始です。太田・岩井らは〝ぐるみ闘争〟を政治主義と批判し、賃金など経済闘争を柱に産業別統一闘争を重視する路線への転換を主張しました。最初に結集した産別は、合化労連、炭労、私鉄総連、電産、紙パルプの５単産でしたが、その後、全国金属、化学

春闘のはじまりとなった春季賃上共闘総決起大会／1955年1月28日

同盟、電機労連が参加し、8単産で「春季賃上げ共闘会議」（8単産共闘）を結成し、春闘が始まります（1955年）。1956年には、スト権を奪われた官公労も参加し、1959年には中立労連が総評とともに春闘共闘委員会に参加しました。

　これまでは企業別組合の勢揃いとして産別ごとに賃上げ闘争を行っていましたが、多くの産別が集まって共闘組織をつくり、賃金闘争、労働条件改善闘争を集中的に行ったのです。50年代後半の春闘は、獲得水準が平均6.7％と1桁台ですが、一定の成果をあげます。しかし、春闘の産業別統一闘争が企業別組合の勢揃いであるため、賃上げ交渉が企業の業績の範囲内とされがちであり、なかなか企業別組合の限界をこえることはできませんでした。

◆ 「組織綱領草案」と合同労組運動

　50年代は、労働運動の戦闘性を回復する中で、職場闘争が活発に行われました。とりわけ炭労の職場闘争の経験を踏まえつつ、総評は1958年に「組織綱領草案」を作成します。企業別組合の問題の克服を「職場闘

争を基礎とする統一闘争の発展」によって克服することが強調されました。その意味で積極的意味を持っていましたが、職場闘争をどのようにして企業横断的なたたかいに発展させるのか、どのようにして産業別統一闘争と結合させるのかという問題が明確になっていませんでした。職場闘争の壁を職場闘争の強化によって、個別資本に対する戦闘力の強化によって乗りこえるという「戦闘的職場闘争」＝「職場闘争主義」にとどまっていました。そして、後に見る三井・三池争議の敗北によって、職場闘争の行き過ぎが言われるようになり、「組織綱領草案」は採択されぬまま、1962年の「組織方針」に転換していきます。そこでは、職場闘争が職場活動と言い換えられ、職場闘争の企業主義的な限界の分析が行われませんでした。職場闘争を軽視する職場闘争の危機が生まれてきます。

　さらに、未組織の労働者の組織化の努力が行われます。総評は、1954年の第5回大会で「中小企業対策と労働者の闘争方針」を決定し、翌年の第6回大会では一般合同労組を組織化する方針を正式に決定しました。そして1955年には、中小企業組織化のためのカンパの拠出が決定され、1956年には各地に合同労組組織化のための中対オルグ（中小企業対策のオルグ）の配置が決定されます。合同労組とは、大企業本工労働者や公務員を主体とする企業別労働組合の限界を克服するため、中小企業の未組織労働者を地域的に、原則として個人で組織するものであり、企業横断的組織といえます。この組織化の運動の中で、合同労組は1960年に472組合8万3293人であったものが1963年には796組合15万2968人へとほぼ倍増しています。この中で発足したのが全国一般労働組合（全国一般）です。しかし、この運動は1960年代の労働運動の右傾化の中で後退します。

勤評・警職法闘争から60年安保

1　左翼セクト主義の克服と統一行動の思想の発展

◆統一行動の思想や路線の浸透

　1950年代半ば以降の労働組合運動の統一行動の前進を見るうえで注目するのは、この時期の国際的労働運動の影響です。1953年10月、オーストリアのウィーンで開かれた世界の労働組合組織である世界労連主催の第3回世界労働組合大会に日本の労働組合の代表18人が初めて参加しました。大会で、労働者の要求に基づく統一行動の重要性が強調され、日本代表団は感銘を受け、大会議事録の翻訳が活動家の間に普及します。

　さらにこの年の9月、東京で開かれた ILO アジア地域会議に出席した世界労連のウォッジス情宣委員（イギリス人）が日本の労働組合の役員や活動家と交流し、日本の労働運動で繰り返された分裂と対立の要因になったセクト主義（統一行動や統一戦線を過小評価する傾向）に対するウォッジスの批判が大きな影響を与えます。批判の中で強調された要求に基づく「統一行動」が活動家の中で流行語になります。「ウォッジス旋風」の中で、「統一行動」「幹部闘争から大衆闘争へ」というスローガンが労働運動の中に広がっていきます。

◆日本共産党の団結の回復と路線の根本的見直し

　先ほども述べたように、50年代前半の混乱の時期に、極左冒険主義と左翼セクト主義の弊害により、共産党は労働者や国民から孤立します。

1952年10月の総選挙では、議席がゼロになります。こうした厳しい現実のなかで、団結の回復の努力と路線の見直しが始まり、1955年7月、いわゆる6全協（第6回全国協議会）※1が開かれたのです。6全協は、主流派が一方的に召集してきた不正規の「全国協議会」の継続という形をとっていましたが、団結の回復にむけての第一歩になり、極左冒険主義の誤りと社会民主主義主要打撃論の放棄を確認しました。

　こうした団結の回復過程は、同時に、1956年2月のソ連共産党第20回大会におけるスターリン批判と連動していました。戦前から戦後の50年代前半まで、日本の共産主義運動はスターリンの中間勢力主要打撃論※2、社会民主主義主要打撃論にもとづく左翼セクト主義の誤りを繰り返してきました。そして「50年問題」という大混乱を経て、団結の回復の努力と路線の見直しが始まり、6全協で、極左冒険主義の誤りが確認され、社会民主主義主要打撃論が放棄されたのです。こうして1956年にスターリン批判が行われる以前に、国民から孤立するという日本の厳しい現実の中から、極左冒険主義と併せて左翼セクト主義などの見直しが始まっていました。しかし、問題を根本的に解決するには、左翼セクト主義の理論的根拠がスターリンの『レーニン主義の基礎』にあることが明確にされなければなりませんでした。その意味で、スターリン批判が公然と開始されたことは大きな意味があったと言えます。また、1956年4月5日付の中国共産党の『人民日報』に「プロレタリアート独裁の歴史的経験について」が掲載され、その中で、中間勢力主要打撃論がスターリンの誤りとして指摘され、これが日本の社会運動にも大きな影響を与えることになります。

　共産党は、50年代後半に、「50年問題」の総括を行い、党の団結を回復します。1957年10月、第15回拡大中央委員会が開かれ、自己批判、相互批判が行われ、「50年問題について」が満場一致で採択され、翌1958年の第7回大会で確認されました。「50年問題」の総括が自主的に行われて分裂問題が最終的に解決されたのです。ソ連共産党や中国共産党の

介入によって混乱した「50年問題」を自主的に総括することによって、同党の自主独立の立場が確立することになります。同時にこれは路線の大転換を不可避にします。あらためて日本の現状と変革の路線をあきらかにしなければなりません。日本の社会運動と労働組合運動との関連で言えば、社会民主主義主要打撃論から社会民主主義政党との統一行動と統一戦線の可能性を追求する路線に大きく転換することになります。この転換の特徴は、日本の現実の運動（「50年問題」）の歴史的総括とスターリン理論の見直しの開始が結びついていたことにあります。共産党は、その後、60年安保闘争の経験を活かしながら、1961年の第8回大会で綱領[3]を採択します。

　こうした極左冒険主義と左翼セクト主義の見直しを受けて、結成以来反共主義を掲げていた総評は、1956年8月の大会で、「共産党の支配する共闘には参加しない」という原案を、97対101で否決し、結成以来続いていた「共産党との一線を画す」という方針を削除しました。また、1957年の社会党大会において、共産党とのすべての共闘を拒否するという西尾グループの修正案が否決され、「組織体としての共闘は行わないが、しかし、大衆運動では競争をつうじて対処する」と決議されたのです。こうした総評、社会党の変化は勤評闘争、警職法闘争、60年安保闘争という50年代の統一戦線運動にきわめて大きな影響を与えることになります。

※1　6全協は「51年文書」（いわゆる51年綱領）の正しさを指摘するなど重大な問題を残していたが、共産党の統一と再建にむかっての転換の一歩となった。

※2　1961年の綱領は、日本の現状を「高度に発達した資本主義国でありながら、アメリカ帝国主義になかば占領された事実上の従属国」と規定し、当面の革命は、「アメリカ帝国主義と日本の独占資本の支配」に反対する「あたらしい民主主義革命」としていた。そしてこの変革を推進する原動力が「民族民主統一戦線」とされた。

※3　社会民主主義主要打撃論と同じく、支配層と革命勢力との間に存在する中間層＝社会民主主義に主要な攻撃を加え、労働者、国民の彼らに対する幻想を打ち破ることが革命成功にとって優先的課題というスターリンの考え方。

2　高揚する労働運動と国民的共同の発展

◆勤評闘争の発展

鳩山、岸内閣のもとで教育の反動化、国家統制が一段と強まりました。1956年6月、鳩山内閣は教育委員会を公選制から任命制に切り替えたのです。そのうえで、1957年12月、都道府県教育長協議会は「教職員の勤務評定試案」を発表しました。これによると（1）勤務の状況（教諭用の観察内容は46項目）、（2）特性、能力（観察内容36項目）などを事細かく評価することになっています。この「試案」に基づいて各都道府県で勤務評定の実施が計画されていきます。日教組は、同年12月、臨時大会を開いて「非常事態宣言」を発表し、全国的に阻止闘争を展開することを決定しました。

1958年4月から、東京、福岡、和歌山、高知、大阪、群馬で教職員の10割休暇闘争が行われます。この全国的たたかいの中で、地域の民主団体、労働組合などとの地域共闘組織がつくられていきました。たとえば、東京・文京区では、父母や民主的なPTA役員を結集して「民主教育防衛区民会議」が結成され（1958年4月）、その中で4月23日の1日ストライキが100％近い高率でたたかわれました。さらに7月には地域の労働組合、民主団体、革新政党などを結集して「勤評反対文京区共闘会議」が結成されます。共闘会議は区民へのアピールを発表し、オルグ団を編成して地域や職場をまわり、講演会、討論会など多彩な活動を行います。

勤務評定反対全国行動＝文部省前に座り込む都教組の組合員／1959年9月8日

こうした全国の地域闘争の発展にもかかわらず、勤務評定そのものは阻止できませんでしたが、反対闘争によって評定内容を修正させた場合もあり、国民の教育への関心を高めることになります。

◆警職法反対闘争の高揚

　1958年10月、岸内閣は警職法（警察官職務執行法）改定案を国会に提出します。この改定案は、警官の立ち入り権を拡大して、組合事務所や集会、宿舎にまで踏み込むことを許す（臨検の復活）など、戦前の〝オイコラ警察〟の復活をめざすものでした。

　この警察国家の再現をめざす警職法「改正」に反対して、広範な国民各層が立ち上がりました。1958年10月13日、社会党、総評、全労会議、中立労連など66団体（後に396団体）からなる警職法反対国民会議が結成されます。社会党、総評は全労会議の反共主義に追随して共産党を国民会議に加えませんでした。中央の国民会議結成とともに、各都道府県で共闘組織が結成されます。1958年10月末までに、岐阜県を除いて全都道府県に結成されますが、共産党が正式に参加しているもの22、オブザーバー参加5、個人参加1、排除されているもの13となっていました。このように中央の国民会議からは排除されていましたが、地域では共産党が参加している共闘組織が数多くあり、地域共闘による運動が活発に行われたのです。

　反対闘争は、政党や労働組合だけではなく、女性団体、市民団体、学術文化団体、宗教団体等あらゆる分野に広がっていきます。保守的と思われる全国の旅館業者も警察の臨検の復活に危険を感じて反対闘争に参加してきました。マスコミも批判的であり、日頃、政治問題を扱わない『週刊明星』が「デイトもできない警職法」という批判的な記事と解説を掲載します。

　11月4日、政府・自民党が強行成立を図るために、抜き打ち的に国会の会期延長を採決します。翌日の統一行動は空前の盛り上がりを見せ、

炭労、国労、全逓、全電通、日教組、全国金属、合化労連などがストライキや時間内職場集会で抗議し、参加人員は450万人に達しました。とくに国労は、スト権が略奪されて以後初めてストライキに入ったのでした。社会的に孤立し始めた岸内閣は、社会党と妥協し、社会党が会期延長を認めるかわりに、警職法を審議未了・廃案にします。

3 歴史的な安保闘争

◆新安保条約の調印

1960年1月19日、新安保条約が調印されます。旧安保条約の全面改定でした。新しい安保条約の特徴は、第1に、在日米軍が引き続き基地使用特権を保持したことです（第6条）。第2に、「日本国の施政の下にある領域」という地理的制約をつけながら、米軍と自衛隊の共同作戦を規定したことです（第5条）。日本あるいは日本の領域内にある米軍が攻撃を受けた場合、米軍と自衛隊の共同作戦を可能にしたのです。第3に、軍事的な面だけでなく、第2条で「両国の間の経済的協力を促進する」と日米経済協力を明記しています。経済的にもアメリカに従うしくみがつくられたのです。この日米経済協力のもとで、日本はアメリカに従属する経済大国になっていきます。

◆国民会議結成の意味と問題点

安保条約の改定に、日本の労働運動と民主勢力は安保改定阻止国民会議を結成してたたかいました。国民会議は、1959年3月、東京の国労会館で結成され、社会党、共産党、総評など134団体（後に138団体）が参加します。

国民会議の結成の経過を簡単に見ると、1959年2月28日、東京で「安保体制打破、日中国交回復国民大会」が開催され、その共催5団体（日中国交回復国民会議、総評、原水協、護憲連合、全国基地連）を中心と

する13団体によって、安保改定阻止国民会議結成の「よびかけ」が行われ、3月28日に結成されたのです。この経過の特徴は、当時の総評の積極的イニシアチブのもとに、共産党が除外されていた警職法改悪反対国民会議からではなく、共産党が参加する日中国交回復国民会議の共闘組織のほうから移行したことにあります。それにもかかわらず、幹事団体に共産党は正式に参加できず、オブザーバーにとどまりました。これは社会党が全労会議、新産別の参加に期待し、反共的態度に固執していたからです。こうした不正常な問題を抱えながら、戦後初めて社会党、共産党、総評などの民主的諸勢力による持続的な共闘組織＝統一戦線組織が結成されることになったのです。勤評闘争、警職法反対闘争など、これまでの共同闘争の積み重ねの成果でした。

◆地域共闘の発展

国民会議は、中央段階だけでなく、地域の共闘を重視しました。1959年8月には本土のすべての都道府県段階で、安保共闘組織が結成されます。そのうち、41都道府県で共産党が正式に参加し、残りの5県がオブザーバーでした。地域共闘は、さらに市町村区、学校区にまで組織を広げていきます。1959年6月に78であった地域共闘が12月に932、翌1960年3月に1200、4月には2000を超えるというように、急速に拡大します。こうした地域共闘には、勤評闘争時に組織され、それが警職法闘争を経て安保共闘に発展したものが多かったのです。

◆ 3度の政治ストライキ―労働者階級のイニシアチブ

1960年1月に安保条約が調印され、5月19日に警官隊を導入し、暴力的に批准が強行されました。これを契機に、安保反対と民主主義守れのたたかいが合流し、国民的大闘争に発展します。この安保闘争の一つの特徴は、労働者階級のイニシアチブが発揮されたことにあります。とくに60年の5月19日の暴挙を受けて行われた6月4日、6月15日、6月

22日の3回にわたる政治ストライキは、安保闘争を国民的たたかいに発展させるうえできわめて大きな役割を果たしました。戦後労働運動を見ると、1952年の破防法スト、1958年の警職法ストに続く3度目の政治ストライキ

60年安保闘争＝新安保条約粉砕を掲げ、有楽町メーンストリートを埋め尽くしたフランス・デモ／1960年6月18日

でしたが、支配体制の根幹に関わる問題で、それまでの規模を上回る規模で行われたことは、労働者階級の成長を示しています。

6月4日の統一行動には、全国で560万人が参加しました。国労は始発から午前7時頃までのストを行い、都電や都バスも2時間ストップし、タクシーも止まります。日教組も朝1時間の授業カットを行い、また民商・全商連が全国的な「閉店スト」を行ったのです。政府やマスコミは乗客との混乱を期待し予想しましたが、乗客はストを支持し、何ら混乱は起きませんでした。6月15日の統一行動には580万人が参加します。この統一行動では、炭労、全国金属、全自運、全鉱など民間労働組合が中心になって政治ストライキが決行されたのです。国会へは15万人が押し寄せましたが、機動隊とともに、右翼が暴力を働き、多くの市民が負傷しました。また学生組織である全学連の指導部[※4]は国会突入を図り、警官隊と衝突し、東大生の樺美智子が死亡します。うろたえた岸首相は、自衛隊の出動を考えましたが、防衛庁長官の反対で実現できませんでした。

こうした労働者階級の政治ストライキを中心とする国民的たたかいによって、条約改定を阻止することはできませんでしたが、岸内閣を退陣させ、アメリカ大統領の訪日を中止させたのです。労働者階級のストラ

イキが安保闘争を支えたことが、2015年の安保関連法反対闘争との大きな違いでした。

4　連動した三井・三池のたたかいと「病院スト」

◆戦後労働運動史に残る三井・三池の大争議

　安保闘争と連動して行われたのが三池(みいけ)争議（1960年1〜11月）でした。「三池と安保は同じ根から出ている」とし、安保闘争と三池争議が相互に支え合い、連動したのです。1955年頃から始まっていた高度成長の中で、重化学工業化のエネルギー源を「石油帝国主義」であるアメリカに追随して石炭から石油に切り替えようとしました。まさに新安保条約の日米経済協力の実践といえます。そのために日本の石炭産業を取りつぶすための大がかりな「合理化」を計画し、その突破口として三井鉱山資本によって、三池炭鉱労働者1278人の指名解雇が強行されたのです。このうち約400人は職場活動家であり、たたかう労働組合である三池炭鉱労働組合をつぶすための政治的な狙いが明白でした。

　三池労組は、職場組織と居住組織を基礎に無期限全面ストで対抗しました。総評と炭労はこの三池争議を全面的に支援し、全国から延べ37万人が現地に支援のために派遣され、世界労連など国際的支援を含め約20億円にのぼる空前の資金カンパが集められたのです。全国各地に「三池をまも

三井三池のたたかい＝三川坑前に座り込む労働者／1960年5月

る会」がつくられ、安保闘争と結合してたたかう努力がなされます。しかし、三井鉱山労働組合連合会（三鉱連）の他の5山の労働組合は共同闘争に立ち上がらず、三池労組が孤立し、たたかいはホッパー（石炭を一時貯留する貯炭所）をめぐる局地的な攻防戦に絞られることになります。組合側のピケ隊[5]と警察のにらみ合いの中で、結局、組合側は中労委斡旋案を受け入れることになり、1278人の指名解雇を余儀なくされます。

　このたたかいは、あらためて職場を基礎とする団結と日常的な職場闘争の重要性を教えるとともに、地域的団結や産業別団結と結びつかない職場闘争の限界を示すことになりました。

※5　ピケッティングのこと。ストライキのさい、見張りを立て、説得活動やスクラム、座り込みなどの諸活動でスト破りからストライキを防衛すること。

◆「病院スト」の意義と教訓

　60年安保闘争に連動したもう一つのたたかいが、医療労働者の「病院スト」でした。あまりに低い賃金と前近代的な職場環境、労使関係に、医療の労働者の怒りが爆発したのです。1960年の11月から1961年の4月まで、医療労働組合運動の初めての産業別全国統一闘争が行われ、125組合300病院、3万人が統一ストライキに参加する大闘争になります。メディアも、「白衣の天使ナイチンゲール─実は無内賃ガール」「800人もの職員がいて就業規則ひとつないズサンさ」などと報道し、医療行政の抜本的改善が社会的に強く求められたのです。たたかいによって、一律3000円、最低保障1万円、週44時間制などの要求が実現されます。また、劣悪な労働条件、看護師の結婚・通勤の自由、全寮制の打破などが勝ちとられていく大きな転機になります。

　「病院スト」の意義は、第1に、60年安保という国民的大闘争を背景に、賃金引き上げを中心とする経済闘争が、一病院や一地方だけでなく、全国的に拡大した産業別の統一闘争として展開され、政府の医療行政の

問題を浮き彫りにする政治闘争と結びついたことです。第2に、このたたかいを通じて、医療労働者としての自覚が高まり、労働組合の大衆的基盤がつくられたことです。また医療労働組合の産別への結集が飛躍的に強化されました。第3に、このたたかいが〝医療の窓を開いた〟と言われるように、日本の医療行政の貧困な実態を社会的にあきらかにし、労働組合が医療労働者の生活と権利を守るとともに、国民医療の改善のたたかいにとりくむことの重要性を明確にしました。「病院スト」は、医療労働者の生活と権利を守ることと、国民の医療を守ることを統一してたたかう医療労働運動の基本路線確立に大きな影響を与えたのです。

Ⅲ
高度成長期の労働運動
(1960〜75年)

高度成長の推進と
右翼的潮流の組織化

1　ケネディ・ライシャワー路線と巨大独占の形成

◆高度成長政策の推進

　60年安保闘争の高揚に衝撃を受けた財界や自民党政府は、社会運動や労働運動を分断、変質させるために、反共、親米、労資協調主義の右翼的潮流の育成に全力をあげていきます。「政治と労働運動の安定」が彼らの至上命題となったのです。

　岸内閣に代わって登場した池田勇人内閣（1960年7月）は、国民の政治的エネルギーを封じ込め、混乱した政治と社会を安定させるため、「寛容と忍耐」を強調し、10年間で「所得倍増」を実現する経済目標を提起しながら、経済成長政策を本格的に推進していきました。

◆「招待外交」と反共親米の潮流の育成

　アメリカも60年安保闘争に衝撃を受けます。そこで、1961年にケネディ政権が発足すると、「知日派」のライシャワーが大使として派遣され、「ケネディ・ライシャワー路線」と呼ばれる新たな対日政策を開始しました。ライシャワーは、マスメディアを通じて「古典的マルクス主義」を批判して、明治以来の日本の近代化を礼賛します。そのうえで、「日米人物交流計画」に基づき、60年安保闘争をたたかった社会党、総評、中立労連の幹部や知識人を次々とアメリカの費用でアメリカに招待する精力的な活動を行い、反共親米の潮流の育成に全力をあげます。

労働運動の分野では、アメリカはアジア財団の資金をつぎ込み、総評、主要単産、さらに府県評段階にいたるまで、主な幹部をアメリカに招待します。その一方で、アメリカの AFL・CIO[1]や国際自由労連およびその傘下の国際産業別組織の右翼的幹部を日本に送り、綿密な工作をさせたのです。1962年の電機労連の大会には、アメリカの電気・ラジオ労働組合（IUE）の委員長がケネディ大統領のメッセージを携えて参加し、「我々の任務は共産主義者を一掃することである」と演説しました。

> [1]　アメリカ労働総同盟・産業別労働組合会議。アメリカ政府の世界政策を支持し、国際社会において反共・親米・労資協調主義の労働運動の育成に力を入れた。

◆巨大企業集団の形成

　経済成長は、すでに1950年代半ばから始まっていました。高度成長期は、第1次高度成長期（1955〜64年）と第2次高度成長期（1965〜73年）に分けることができます。この時期に神武景気（1954〜57年）、岩戸景気（1958〜61年）、オリンピック景気（1962〜64年）、いざなぎ景気（1965〜70年）と四つの空前の好景気の中で経済成長がすすんだのです。1955年から1973年の足かけ19年間のGNP（国民総生産）の実質平均成長率は9.8％であり、10％近いという驚異的な伸びでした。1968年にはGNPで当時の西ドイツを抜いてアメリカにつぐ世界第2位の経済大国になります。

　高度成長によって、日本経済のあり方が大きく変化し、日本は重化学工業国になります。たとえば、戦前・戦時のピークである1944年と1970年を比較すると、工業生産全体は約8.3倍になり、重化学工業の鉄鋼業が約10.6倍、機械工業が約15倍になりますが、繊維工業などは約2.6倍にすぎません。日本の産業構成は、軽工業中心から重化学工業中心に根本的に変化したのです。

　この中で、少数の巨大企業が形成され、経済力が集中することになり

ます。各分野で大企業による独占がすすみます。たとえば、鉄鋼で5社（新日本製鉄、日本鋼管、住友金属工業、神戸製鋼、川崎製鉄）、電機で5社（日立製鉄所、松下電器、東京芝浦電機、三菱電機、日本電気）、自動車で2社（トヨタ、日産）、造船で3社（三菱重工、石川島播磨重工、川崎重工）などのように独占化が進行しました。これらの巨大独占体は、いくつかの金融機関や重要産業諸部門の大企業群、さらに総合商社などをワンセットにした巨大企業集団に分かれ、日本経済を支配するようになります。

2　高度成長と日本社会の変貌

◆階級構成の変化──労働者階級が過半数を超える

　高度成長期を見るうえで大事なことは、日本の階級構成が激変し、労働者中心の社会に移行したことです。この変化は同時に、農村社会の変貌をもたらしました。1960年に、労働者階級が初めて過半数を超え、農漁民や都市自営業などの中間層が過半数を割ります。この傾向は、1960

戦後日本の階級構成の変化

		1950年	1960年	1970年	1980年	1990年	2000年	2005年	2010年	2015年
労働力人口	千人	36,309	44,009	52,822	57,076	63,658	66,098	65,462	62,405	60,753
労働者階級	千人	13,888	22,237	31,158	38,008	47,430	52,613	52,569	51,209	50,733
	%	38.2	50.5	59.0	66.6	74.5	79.6	80.3	82.1	83.5
自営業者層	千人	21,403	20,100	18,385	15,576	12,639	10,547	9,998	8,033	7,382
	%	58.9	45.7	34.8	27.3	19.9	16.0	15.3	12.9	12.2
農林漁業者従事者	千人	16,189	13,486	9,570	5,592	3,955	2,886	2,730	2,012	1,814
	%	44.6	30.6	18.1	9.8	6.2	4.4	4.2	3.2	3.0
都市型自営業者	千人	5,214	6,614	8,815	9,984	8,684	7,660	7,270	6,021	5,568
	%	14.4	15.0	16.7	17.5	13.6	11.6	11.1	9.6	9.2
軍人・警察・保安	千人	337	489	646	770	860	1,022	1,044	1,064	1,092
	%	0.9	1.1	1.2	1.3	1.4	1.5	1.6	1.7	1.8

『新版 戦後日本史』（山田敬男著・学習の友社）175 頁に追加

年代にいっそう促進され、1970年には労働者階級が約60％を占め、中間層が30％強までに減少しました。

　こうした労働者階級の増大は、とくに農漁民層の激減をもたらします（1960年30.6％→1965年23％→1970年18.1％）。農家をみると、世帯主、跡継ぎの流出が急増し、1970年になると、専業農家が15.6％、第2種兼業農家[2]が過半数を占めることになります。こうした農村社会の変貌を象徴したのが、出かせぎ農民の急増でした。高度成長期の出かせぎ農民の急増は、農村社会と農民生活の破綻を示すと同時に、高度成長自体がこの出かせぎ農民の労働力に依拠していたのです。たとえば、東京代々木の練兵場跡やアメリカ占領軍の居住地跡に建設されたオリンピック施設、新幹線の線路、大阪千里の万国博覧会など近代技術を誇る建造物は、出かせぎ農民の労働力に依拠しなければ完成することはできませんでした。これらの仕事は重労働で危険度も高く、死亡事故・災害もきわめて多かったのです。労働組合の組織率も低く、下請け関係が重層化して、中間搾取と現場労働者の低賃金が特徴となっていました。

> ※2　農業以外の仕事に従事して収入を得ている農家を兼業農家という。そして農業を主とする農家を第1種兼業農家、農業を従とする農家を第2種兼業農家という。

◆都市への人口集中

　また、高度成長期には、人口が都市に集中しました。都市人口は、1950年に3120万人（全人口の38％）、1960年に5933万人（64％）、1970年に7485万人（72％）になります。1950年から1970年の20年間で、約4000万人

就職列車に乗り込む集団就職の子どもたち／1962年

が都市に集中したのです。とくに東京、名古屋、大阪の三大都市圏の人口が急増します。高度成長期の都市人口の増大の特徴は、地方農村から職業を求めて若者たちの都市への流入にあります。中学卒業者・高校卒業者が新規学卒直後、集団就職などによって、大量に大都市に流入したのです。その結果、1965年の東京をみると、20～24歳の青年男子87.8万人、青年女子70.2万人のうち、東京出身者はそれぞれ38.1万人（43.4％）、36.9万人（52.7％）にすぎませんでした。東京都在住の地方出身者にとって、同世代の半ばないしそれ以上が、地方から東京に職業を求めて単身で移り住んでいる人々だったのです（加瀬和俊『集団就職の時代』参照）。

◆国民生活と生活意識の変化

この時期に、アメリカ的生活様式が本格的に導入され、国民生活が大きく変化しました。耐久消費財の大量普及によって生活様式の「近代化」が進行します。「家具・電気器具」の普及をみると、1961年に電気洗濯機の普及が人口5万人以上の都市世帯で50％を超え、1964年に電気冷蔵庫の普及率が50％を超えます。1971年から72年にかけて、ガス湯沸かし器、ステンレス流し台、カラーテレビの普及率が50％を超えます。これまでの井戸端での洗濯が電気洗濯機に、薪割りは都市ガスに、飯炊きが電気炊飯器にと日常生活が大きく変化しました。

また1960年代には大衆レジャーが発達します。勤労国民のわずかばかりの「余暇」をターゲットにレジャー産業が爆発的に急成長します。1960年代のレジャー市場をリードした「御三家」は、ボウリングを含むスポーツ、宿泊・旅行を含む観光、ギャンブルと言われています。生産力の発展と労働運動の成果が結びつき、勤労国民がわずかばかりの「余暇」を利用することが可能になったのですが、その「余暇」をも資本がレジャー市場に誘導し、管理する傾向が強まります。しかしこのことによって、労働と「余暇」の調和による人間的生活をどのように創造するかという問題が社会的に提起されることになったのです。

こうした社会や生活の激変の中で、旧い共同体的人間関係からの「解放」がすすみ、国民の生活意識の中に〝個の自覚〟や自分の生活を大事に考える傾向が顕著になりました。しかし、日本国民は、旧い人間関係から離脱し始め、自立した生き方や個性的な生き方の可能性を手に入れ始めるのですが、旧い人間関係にかわる競争型の人間関係に組み込まれることによって、この可能性が歪められ、疎外と孤独の生き方を余儀なくされる傾向が強くなります。したがって、こうした疎外と孤独の状況を克服するには、「自立と連帯」という新しい人間関係の構築が国民的課題になっていたのです。社会運動や労働運動でも、１人ひとりの仲間の気持ちや多様な個性を大切にする「自立と連帯」が不可欠になり、上から下への上意下達的な運動や画一的な連帯では多数者の結集が不可能な社会的条件が生まれていたのです。

3　右翼的潮流の台頭と組織的拠点の構築

◆鉄鋼労連の変質

　このような中で、鉄鋼などの基幹産業における労働運動の変質が始まります。

　鉄鋼産業では、第１次合理化（1951〜55年）、第２次合理化（1956〜60年）、第３次合理化（1961〜70年）が行われ、競争力が世界のトップクラスになります。

　同時に、この過程は、鉄鋼労連（日本鉄鋼産業労働組合連合会）が内部における激しい対立を経て、日本の労働運動の右翼的潮流の担い手になるプロセスでもあったのです。鉄鋼労連は、1957年の秋季賃金闘争において、拡大中央闘争委員会（拡中闘）の統制力を強めて産業別の統一闘争を強化し、11波にわたって24時間、48時間のストライキを延べ19日間にわたって行いましたが、八幡、富士、日本鋼管３社は一貫してゼロ回答を譲りませんでした。鉄鋼労連の産業別統一闘争に危機感を感じ、

資本の側の結束した対応がなされたのです。1959年の争議のときも、富士、日本鋼管の長期闘争も資本の厚い壁にはね返され、争議は敗北を余儀なくされます。

　1950年代から60年代前半にかけて、鉄鋼労連のヘゲモニーをめぐる民同左派と右派の激しい争いが行われ、やがて右派が指導権を掌握します。

◆八幡労組の変貌―合理化反対から容認へ

　鉄鋼労連の変質をみるうえで、最大単組の八幡労組の変貌が大きな意味を持っていました。八幡労組は、職場闘争によって組合の戦闘力を高めようとしましたが、1957年争議の資本側の勝利を背景に、職場における管理体制が強化されていきます。ここで問題になったのは、作業長制度の導入と作業長の非組合員化です。自身も生産工程に参加して技能を教えながら労働者を管理・監督したそれまでの旧熟練工の職制と違い、作業長はもっぱら労務管理を仕事とし、労働者の労働組合運動や政治活動、私生活まで管理・監督し、労働者の昇級・昇格を左右する権限を持っていました。作業長は、現場労働者から抜擢され、「経営サイドの一員」として、広範な労務管理上の権限を持ち、現場における労務管理の支柱として大きな役割を果たすことになります。

　1961年から始まる第3次合理化を前に、八幡労組では、1960年に、書記長がそれまでの左派から右派にかわります。そのもとで1962年秋に、協約改訂交渉が行われ、会社側は八幡地区への作業長制度の導入にともない、作業長の非組合員化を提案してきました。組合は、これに反対しますが、やがて会社側の強い姿勢の前に、作業長の非組合員化を認めることになります。

　この中で八幡労組の基本路線が変化し、1960年10月の大会で「合理化の成果をわれわれが収穫する」ことを運動の基調に置くことが提起されました。激論が交わされますが、1960年代半ば頃にはこの方針が組合の中に定着していきます。設備の近代化を「経済社会発展のために必然的

なものとして前むきに受けとめ」、「犠牲のしわ寄せを排除して最小限にくい止めるべく、事前協議の実を尽くして経営の諸施策を丹念にチェック」しようという考え方でした。それは、合理化反対から容認への根本的な転換であったのです。

◆ IMF・JC、同盟の結成と右翼的潮流の拡大

　鉄鋼などの基幹産業における労働組合の変質を背景に、右翼的潮流の組織化が大きく進展します。1964年1月に6単産（鉄鋼労連、電機労連、造船総連、全国自動車、自動車労連、全機金）の代表によって、「JC結成準備会」が発足し、同年5月にIMF・JC（国際金属労連日本協議会、その後、全日本金属産業労働組合協議会と改称。国際金属労連は国際自由労連を支持する国際産業別の組織）が発足しました。さらに、11月に同盟会議、総同盟、全官公（官公労の第二組合）が合同して日本労働総同盟（同盟）が結成されます。親米で、反共・労資協調主義的な潮流の組織的拠点が構築されたのです。

　こうした右翼的潮流は、「労働組合主義」を標榜しましたが、その特徴に関して、鉄鋼労連の宮田義二は、第1に、「共産党を中心にする外部勢力、イデオロギーの強い集団、そういったものが労使関係、特に労働組合に介入するのを排除しなければいかん、それが日本的な労使関係をつくりあげる根本である」と述べています。第2には、合理化を社会の進歩と認め、その利益を労働者に還元させる、つまり公正な分配なら協力するという発想にある、

IMF-JC（国際金属労連日本協議会）結成大会／
1964年5月16日

と説明しています。

　まさに反共労資協調の論理といえます。日本の基幹産業において合理化を公然と容認する反共労資協調的潮流の組織的結集という新しい段階が生まれたのです。造船、自動車、鉄鋼などの産業部門で「大型合併」が行われ、それに合わせて戦闘的労働組合に対する分裂と破壊の攻撃が集中しました。三菱三重工（三菱日本重工、新三菱重工、三菱造船）の合併（1964年）にともなう全造船機械三菱支部に対する分裂攻撃、日産自動車とプリンス自動車工業との合併（1965年）にあたっての全国金属プリンス自工支部に対する分裂攻撃などがその典型です。

　こうして、同盟などの労資協調路線が拡大強化され、民間産業労働者の組織人員では、1967年以降、総評を上回るようになります。IMF・JCは1968年の鉄鋼労連（総評）に続いて自動車労連、三菱重工などを加えて約105万人を結集するまでになりました。

◆企業別労働組合の成立と「日本的労使関係」

　戦後の労働組合は、事業所を基礎単位とする全員参加型の事業所組合でした。それが高度成長期を通じて、合理化などによって全社規模の労働者支配と一元的管理が強化される中で、事業所ごとの相違が薄れ、それまで事業所別労働組合（単組）の連合体であった「企業連」に組織単位が移行して、1企業1組合の文字どおりの企業別労働組合が成立します。60年代から70年代にかけて、この企業別労働組合が大企業を中心に日本の労働組合の主要な組織形態になります。

　こうした「企業連」を単位とする企業別労働組合が成立する大企業を中心に「日本的労使関係」が形成されます。

　一般的に「日本的労使関係」の特徴は、年功制、終身雇用を土台に企業側と企業別労働組合との間での安定した「労使関係」を形成することにあります。

　実態は、本工労働者を新しい管理制度（作業長制度など）で支配しな

がら、本工労働者と臨時工・社外工労働者、女性労働者との間を分断して差別を持ち込み、本工労働者に特権意識や企業忠誠心を持たせて労働者全体を統合しようというものでした。こうした関係の上にできる大企業の労働組合は、本工中心、男性中心の企業別組合でした。またこの時期には、大量の臨時工・社外工労働者が採用されます。とくに自動車や電動機製造などでは、雇用契約が1〜2ヵ月という臨時工労働者が急増します。また鉄鋼、造船、化学の分野では請負労働者＝社外工が大量に採用されます。この臨時工・社外工労働者は低賃金と無権利状態に置かれ、本工中心の労働組合から排除されていました。

◆女性差別の上に成り立つ「日本的労使関係」

　さらに注目したいのは、この「日本的労使関係」が女性差別の上に成り立っていたことです。60年代になると、政府・財界の「積極的労働力政策」によって、女性の職場進出が促進されます。その具体化がパートタイマー制度の導入でした。これまでの繊維、たばこだけでなく、技術革新のすすんだ電機、精密機器などに女性労働者が激増します。ただこの時期に財界や大企業は、女性は主婦が本職で、パートは余暇利用の家計補助という論理で、低賃金、無権利のパート労働をつくり出したのです。出産休暇や育児時間が必要とされ、企業にとって「コスト高」になる時期は家庭に返し、子育てから手が離れた時期に短期勤続のパートとして再雇用するというものであり、20歳代前半と40歳代後半を頂点とする「M字型構造」という特徴を持っていました。こうした意識的な雇用政策によって性差別の雇用構造がつくられたのです。まさに、戦後の女性差別は日本資本主義の独特の雇用構造を土台にして成り立っています。

　このような「日本的労使関係」が大企業でつくられ、急速度に中小企業にも影響を与えていきます。「日本的労使関係」が労働者に対する企業主義的統合を強めていったのです。反共、親米、労使協調主義の右翼的潮流は、この「日本的労使関係」を基礎に影響力を拡大していきます。

60年代における
労働組合運動の新たな展開

　高度成長の推進の中で、大企業労組を中心に右翼的潮流が組織されますが、同時に60年安保闘争の高揚を契機に労働運動が大きく高揚します。60年代の労働組合運動が、さまざまな困難とたたかいながらどのように前進したのでしょうか、そこにどのような教訓があったのでしょうか。

1　安保共闘の継続とその機能停止

◆ 4 年半も続いた安保共闘

　60年安保闘争の推進力であった安保改定阻止国民会議は、1960年10月の第23次統一行動が終わると、事実上の活動停止の状態になりましたが、1961年 3 月、名称を「安保条約反対・平和と民主主義を守る国民会議」として再出発しました。このときも共産党のオブザーバー問題は解決しませんでした。再出発した国民会議が最初にぶつかったのが、「政治的暴力行為防止法案」（政暴法）の問題です。この法案は、安保闘争後の一連のテロ事件（浅沼稲次郎社会党委員長刺殺事件[1]、嶋中事件[2]など）を利用して国民の民主主義的権利を制約しようとする危険性を持つものでした。国民会議は、1961年 5 月から10月までの 8 次にわたる統一行動の全国的たたかいによって、政暴法を廃案に追い込みます。民主的諸勢力の持続的共闘の力はきわめて大きなものがありました。

　ところが、1961年 8 月の第 7 回原水禁世界大会以降、原水禁運動をめぐる対立が社会党、総評によって国民会議に持ち込まれ、国民会議の活動を困難にさせ、しばしば活動が停止されるようになります。そして

1963年の第9回原水禁世界大会の分裂問題[3]が持ち込まれ、9月の第12次統一行動を最後に、その機能が停止されることになります。1959年3月の国民会議結成から1963年9月の機能停止まで、さまざまな問題や歴史的弱点を抱えていたにもかかわらず、4年半にもわたって、民主的諸勢力の持続的な共同闘争＝統一戦線運動が継続されたことは歴史的に意義のある体験でした。安保共闘を1960年で終わったと思い込んでいる方が多いのですが、4年半も継続したのです。この経験は、日本の統一戦線運動の貴重な財産といえます。

※1　1960年（昭和35年）10月12日に東京都千代田区にある日比谷公会堂において、演説中であった浅沼稲次郎日本社会党委員長が17歳の右翼少年・山口二矢に暗殺された事件のこと。

※2　雑誌『中央公論』1960年12月号をめぐる右翼テロ事件。同誌は、日本で革命が起き、皇族一家が殺される有様を夢物語として描いた深沢七郎の小説『風流夢譚』を掲載。右翼は「皇室に対する冒涜で，人権侵害である」として中央公論社へ抗議を続けていた。大日本愛国党の少年は1961年2月1日同社社長嶋中宅に侵入，応接に出た同社長夫人を登山ナイフで刺して重傷を負わせ，制止しようとした同家の家事手伝いの女性を刺殺した事件。

※3　1963年の第9回原水禁世界大会の分裂問題。1961年のソ連の核実験再開をめぐって、「いかなる国の核実験にも反対」を基調にするかどうかで運動内部の対立が激しくなった。さらに、1963年に米英ソ3国による地下核実験を容認する「部分的核実験停止条約」が調印されると、この評価をめぐっても、運動内部での対立が激しくなり、1963年の世界大会は、「いかなる国の核実験にも反対」と「部分的核実験停止条約」の評価は深刻な意見の違いがあるので、保留して継続討議にし、一致点（核戦争阻止、核兵器全面禁止、被爆者救援）で団結することになった。しかし、これに社会党、総評が反発して、1964年8月に独自集会を開き、1965年2月、原水爆禁止国民会議（原水禁）を結成。これにより原水禁運動は分裂することになった。

◆統一行動の再開

　国民会議は解体されましたが、この時期に、日韓条約[4]反対、ベトナム反戦運動、沖縄の無条件返還闘争などの政治闘争、平和運動が大きく発展し、その中で民主的諸勢力の統一行動が再開しました。統一を望む労働者や市民の声がきわめて強かったのです。

民主的諸勢力の統一行動は、日韓条約反対闘争の中で再開されました。1965年11月6日に衆議院日韓特別委員会で日韓条約の強行採決が行われると、共同闘争が実現します。国民会議の機能停止後、社会党や総評は「全国実行委員会」（1968年から「反安保全国実行委員会」）を、共産党などは「中央実行委員会」（1965年に「安保廃棄・諸要求貫徹中央実行委員会」）を結成していましたが、11月9日、「全国実行委員会」と「中央実行委員会」の共催による中央集会が開かれます。国民会議の機能停止以来、2年3ヵ月ぶりの統一行動の再開でした。しかし、この共闘は持続的な共闘ではなく、「一日共闘」という限定されたものでした。政府自民党は、民社党（当時）と協力して、12月11日に日韓条約を可決、18日にソウルで批准書を交換します。両実行委員会の統一行動は、12月8日まで5次にわたって行われ、11月13日には、国労、動労、全国金属、全自交、全日自労などが安保闘争以来の政治ストを行います。

> ※4　日本と韓国の民衆の反対闘争が高揚するが、1965年6月、日韓基本条約と4つの協定（漁業協定・請求権および経済協力協定・在日韓国人の法的地位に関する協定・文化財および文化協力に関する協定）が調印される。日韓条約の締結で国交回復が実現したが、1910年の「韓国併合に関する日韓条約」の無効が確認され、日本の植民地支配の反省と責任にはまったくふれないものだった。さらに、韓国政府が「朝鮮における唯一の合法政府」であるとされ、北朝鮮の存在を認めないことから、朝鮮半島の平和的統一にむけての日本の外交的役割の可能性を否定することになった。この背景にはアメリカのアジア政策に基づき、韓国の軍事政権を日本が経済的に支えるという政治的事情が存在していた。

2　64年春闘と4・17問題

◆春闘の発展

　60年代、春闘は大きく発展します。60年安保闘争という政治闘争と結合して新たな段階を迎えるようになります。50年代後半の春闘の賃上げは定昇（定期昇給）プラスアルファ程度の1桁台でしたが、60年春闘で前年以上の賃上げを早期に確保し、7年ぶりに実施された公務員の人事

院勧告※5では　12.4％の２桁の賃上げを獲得しました。61年春闘では民間も初めて13.8％の賃上げを獲得し、これ以後、春闘は２桁賃上げの時代に入ります。

　そして1963年には「ヨーロッパなみ賃金」が掲げられます。さらに64年春闘では、ストを構えて太田薫総評議長と池田勇人首相のトップ会談が行われ、政府が「春闘相場」を公認する「公労協賃金の民間準拠方式」が確認されます。その背景には、春闘が大衆的に大きく発展し、その社会的役割を政府も認めざるを得なかったことがあります。最初の春闘が行われた1955年は、８単産、70万人の参加でしたが、1964年には、160組織、657万人が参加しています。その影響の広がりの中で、同盟や金属協議会（JC）が春闘に参加してきました（同盟が1965年、金属協議会が1967年）。春闘は全労働団体のたたかいになったのです。

◆ 4・17問題

　64年春闘の中で起きたのが、「４・17スト問題」です。公労協（公共企業体等労働組合協議会）が予定した４月17日のストを共産党が「挑発スト」の疑いがあるといってその再検討を主張したのです（４月８日の「声明」）。この「声明」は運動を混乱させました。ストライキは、先ほどの太田・池田会談で中止になりますが、あらためて政党と労働組合との関係のあり方についての問題が提起されたのでした。

　共産党は、同年７月の中央委員会と11月の第９回大会でこの問題の誤りを認め、自己批判をします。

　問題は、第１に、労働組合という大衆組織の決定に党の決定を優先させ、それを破ったことです。これは組合民主主義の軽視であり、組合活

動家の共産党への不信をまねく問題でした。第2に、中国流の「反米統一戦線」の立場から、同党の綱領路線である「反帝反独占の民主主義」を逸脱した問題です。「アメリカ帝国主義との闘争の面」からのみ情勢を判断し、日本の独占資本にたいする経済闘争を軽視していました。

　この「4・17問題」で、共産党の多くの活動家は、労働組合から規律違反の名目で除名や権利停止の統制処分を受けます。このため、レッド・パージの痛手から回復しつつあった職場での共産党の影響力は大きく後退することになります。しかし、この問題を通じて、あらためて組合民主主義の尊重と経済闘争の重視が再確認され、その後のたたかう労働組合運動のあり方に大きな影響を与えることになります。たたかう労働組合は、「4・17問題」を深刻に受け止め、組合民主主義の尊重を何よりも大切にすること、また労働組合にとって経済闘争重視はその存在意義に関わることであり、経済闘争の発展があってこそ政治闘争との結合も可能になることを深く検討したのです。

3　ベトナム反戦運動と沖縄の祖国復帰闘争

◆ベトナム反戦運動

この時期に大きく高揚したのがアメリカのベトナム侵略に対する反対闘争でした。1966年6月、アメリカによる北ベトナムの首都ハノイとハイフォンへの爆撃を契機に、日本におけるベトナム反戦運動が本格的に発展します。総評は同年7月の大会で抗議決議を採択

1972年8月5日、米軍相模原補給廠から搬出されベトナムへ向かうM48戦車は横浜・米軍埠頭前の村雨橋前で学生・市民らの座り込みで50時間立ち往生し引き返した

し、10月の臨時大会で10・21反戦ストを決定しました。この統一行動には総評、中立労連など91単産520万人が参加し、そのうち48単産210万6000人がストライキに参加します。日本の労働者階級が現に行われている戦争に抗議してストライキを行ったのは初めてのことでした。この後、10・21統一行動は反戦行動の象徴になります。

　最近、労働組合がなぜ平和問題や政治闘争にとりくむのか、政治闘争に無理にとりくむことが労働組合運動の低迷を招いたのではないかという意見を聞きます。しかし、60年代のベトナム反戦運動のとりくみの経験は、逆に反戦運動、政治闘争のとりくみが労働組合運動を活性化させるという教訓を事実としてあきらかにしています。

　さらに、ベトナム反戦運動と原水禁運動が結びつくことになります。第10回原水禁世界大会（1964年）に初めて北ベトナム代表が参加しますが、この大会でベトナム侵略反対と核兵器使用禁止の課題を結合する運動方針が決められます。1967年の３・１ビキニデーを迎えるにあたって、日本原水協は「ベトナムに広島、長崎をくりかえさせるな」というスローガンを提起します。人類的課題と反帝平和の課題の結合という日本の平和運動の特質が形成されたのです。さらに、アメリカの戦争犯罪を告発する「戦争犯罪法廷」の運動が行われ、アメリカとともに、戦争に加担する「日本政府および日本独占資本」を有罪とし、基地国家日本の役割が糾弾されます。

◆沖縄返還闘争

　このベトナム反戦運動と結びついて行われたのが沖縄返還のたたかいでした。沖縄では1960年に復帰協（沖縄県祖国復帰協議会）が結成され、復帰運動が本

沖縄県祖国復帰協などの共催で初の統一集会が東京で開かれ沖縄県代表も参加した／1969年４月28日

格化します。初代会長には官公労（沖縄官公庁労働組合協議会）の赤嶺（あかみね）武次議長が就任しました。そして、沖縄がベトナム侵略戦争の出撃基地となる中で、ベトナム反戦運動と結合して復帰運動の新たな高揚が生まれます。1967年に教員の政治活動や争議行為を禁止し、勤務評定を実施しようとする「教公二法」（「教育公務員特例法」と「地方教育区公務員法」）を廃案に追い込むと、1968年の沖縄の３大選挙で「無条件全面返還」を求める民主的諸勢力が勝利しました。アメリカが認めた行政主席の公選で革新統一候補の屋良 朝 苗（やら ちょうびょう）が圧勝します。立法員議員選挙でも、那覇市長選挙でも民主的諸勢力が勝利したのです。

　「教公二法」阻止闘争の勝利が沖縄における共同闘争を大きく前進させ、1968年の沖縄の３大選挙勝利の礎を築いたのです。60年代の復帰闘争の特徴の一つは、労働組合がたたかいの先頭に立ち、復帰闘争を土台で支えていたことにあります。

　沖縄の民衆は、基地のない、米軍の存在しない「無条件全面返還」を望んでいたのです。この沖縄のたたかいに呼応して本土でも返還運動が活発になります。1969〜70年にかけて沖縄の無条件全面返還と安保条約廃棄を結合して運動が行われます。60年安保闘争のときにほとんど沖縄問題が位置づけられていなかっただけに、運動の質的発展を見ることができます。こうして、ベトナム反戦運動や沖縄返還運動の高揚の中で、1969年の10・21統一行動では二百数十団体の参加による統一実行委員会方式がとられるようになります。また、この統一実行委員会方式では、60年安保闘争以来の課題であった「極左」諸団体の参加を認めないという確認事項が正式に合意されました。

4　新潟県立病院のたたかいと夜勤制限闘争

◆病院ストから夜勤制限闘争

　1960〜61年の「病院スト」に続いて行われた医療労働者のたたかいが、

看護師（当時は看護婦）の夜勤制限闘争でした。1963年、全医労と日教組大学部が人事院に「夜勤制限に関する行政措置要求」を提出し、現場の実態調査を実現させます。1965年、人事院はこれに基づき夜勤制限の必要性を認め、「夜勤は月平均8日以内」「一人夜勤廃止」などの「判定」を出したのです。この「判定」を活用して大規模に展開されたのが、夜勤制限闘争でした。1968年3月、新潟県立病院では、組合のつくった自主的勤務表に基づいて2人夜勤、3人夜勤の実力行使に突入します。このたたかいが全国に拡大し、1969年6月までに、24都道府県207病院で夜勤協定が締結され、看護師の増員を勝ちとりました。

◆全国医療研究集会（医療研）の開催

　重要なことは、このたたかいの中で、看護師の労働条件を改善することと結びつけて、よい医療を実現して国民の命を守ることの自覚が、医療労働運動の中で強まったことです。1969年、「国民のための医療の確立」をめざし、「医療従事者は何をすべきか」をテーマとして、第1回全国医療研究集会（医療研）が開催されます。賃金や労働条件とともに、技術を高めてよい医療労働をしたいという医療労働者の要求に応えるものでした。

　医療研は、第7回大会（1975年）以降は地方で行われるようになり、地域医療のあり方を検討する中で、「医療の原点」に関する議論が深められていきます。1977年の第9回医療研では、「医療研究を通じて医療労働者の社会的任務の自覚が高まり、つねに患者の立場から問題をみ、労働条件と医療内容改善をひとつのものとしてとらえ、運動の領域と質を広げ高めてきた」と総括しています。また1977年の日本医労協の定期大会では、「医療労働者の生活と権利を守るたたかいと、国民の医療を守るたたかいを固く統一し、国民の医療の守り手としてたたかいます。このことを日本医労協の運動の基本にすえ、あらゆる活動を貫いてゆきます」と確認されます。

60年代の「病院スト」や夜勤制限闘争を通じて、低賃金と劣悪な労働条件とたたかい、医療労働者の権利闘争を徹底させる中で、みずからの「生活と権利を守るたたかいと、国民の医療を守るたたかいを固く統一」する基本路線が確立されたのです。

5　国労の職場闘争とマル生反対闘争の勝利

◆現場協議制の獲得

　またこの時期、国労のたたかいに見られるように、「合理化」反対闘争の面でも貴重な体験が積み重ねられました。国労は、1965年の岡山大会以来、「労働運動の源泉は職場闘争にある」を合い言葉に、分会・班の組織確立、要求・行動の職場討議による決定、全員行動参加、集団交渉とその反復実施、権利の点検活動など職場闘争を強めたのです。先ほど述べた1958年の総評「組織綱領草案」は三池争議の敗北を契機に影響力を失い、職場闘争の危機が言われていましたが、その危機を克服する勢いのある職場闘争が行われました。

　具体的には、職場ごとに時間外協定を現場長と結ぶたたかいをすすめてきましたが、1968年、中央交渉で「現場協議に関する協約」を結び、国鉄当局に現場交渉権を認めさせました。この現場交渉権の獲得は、その後のマル生（マル生運動＝生産性向上運動）反対のたたかいに大きな力を発揮します。国鉄当局は、1969年以降、マル生運動によって、組合の分裂と差別的労務管理による国労からの脱退強要などの攻撃をかけてきましたが、国労の組織の存亡をかけた反撃によって、国鉄当局の手段を選ばぬ不当労働行為、不当差別、労働基準法違反などがあきらかになり、大きな社会問題になります。

　やがて国会でも問題になり、社会、共産、公明各党の国会議員、総評弁護団、労働法学者などの大調査団による現場調査が行われます。こうして、公労委[※6]も国鉄の不当労働行為と認定し、1971年末に、国鉄総裁

は、二度と不当労働行為を行わないという陳謝文を提出し、管理者の処分を余儀なくされます。マル生反対闘争の勝利でした。

　マル生運動を収束するために、1971年末に結ばれた紛争対策委員会の覚え書きでは、昇職・昇格の基準に、勤務成績を一つの要素にしながら、勤続年数や現場経過年数などを尊重する国労が長年主張してきた人事における先任権を認める内容になっていました。この覚え書きをもとに、現場で電車区・機関区での乗務員の交番表の交渉、さらに、駅などでの作業ダイヤの交渉も行われるようになり、職場における労働条件の組合規制が大きく前進したのです。職場闘争の大きな成果と言えます。

　※6　公共企業体等労働委員会の略称。1956年設置。1987年、国営企業労働委員会に改組、1988年、中央労働委員会に統合。

◆企業内主義の克服は職場闘争抜きにはあり得ない

　この現場協議制確立闘争やマル生反対闘争の勝利をもたらした主体的要因は、組合破壊に耐え抜いた活動家層を核とする職場闘争の発展にありました。三井三池の大闘争の敗北以降、総評指導部の中で、職場闘争の「誤解」「行き過ぎ」が批判され、「地味な世話役活動にもっと専念すべき」ことが強調され、民間職場において職場闘争の後退が生まれていました。これが右翼的潮流の台頭を許す一つの要因になっていたのです。この状況の中で、国労の職場闘争が注目され、総評内での職場闘争を主導することになります。

　日本の労働組合運動の企業内主義的限界を打ち破るには、職場闘争がなくてはあり得ません。もちろん、「職場闘争万能論」は正しくありよせんが、企業別組合に起こりがちな「企業あっての労働者」などという労資協調主義の克服は労働者の要求にこだわる職場闘争抜きにあり得ません。国労のたたかいはそのことを実践によって示したのです。

革新高揚と国民春闘への発展

　60年代後半から、全国に革新自治体が生まれ、やがて国民の40％近くがその中で生活するようになります。政治と社会の変革の新しい可能性が生まれたのです。同時に、労働運動も高揚し、新しい模索が始まりました。みずからの生活と権利を守りながら、職場や地域から新しいルールをつくるたたかいでした。生活と権利を守る〝抵抗〟をしながら、新しい社会のルールをめざす〝建設〟のたたかいでした。こうした新しい模索と質が生まれたことに、この時期の運動の特徴があったのです。

1　革新高揚と革新自治体の形成

　60年代後半、全国に革新自治体の大きなうねりが生まれました。その大きな契機は1967年の東京における美濃部亮吉革新都政の実現です。さらに1968年に沖縄で「行政主席」の公選制で屋良朝苗が、1970年の京都府知事選挙で蜷川虎三（1950年4月に初当選）が勝利します。

　その特徴は、社会党、共産党、民主主義諸勢力が「明るい会」などをつくり、政策協定、組織協定を結んで持続的な共闘体制＝地域的な革新統一でたたかったことにあります。また1971年には、東京で美濃部革新都政が2期目の勝利を勝ちとり、さらに、予想をこえて大阪で現職をうち破って黒田了一革新府政が実現します。大阪湾沿岸の公害や自動車の排気ガス問題など高度成長が生み出した社会問題が深刻になる中で、「公害知事よさようなら、憲法知事さんこんにちは」という革新側のスローガンが府民の心を深いところでつかんだ結果でした。さらに1972年

に復帰後の第1回沖縄知事選、埼玉知事選、岡山知事選で革新が勝利し、1973年に政令都市の名古屋と神戸で革新が勝利します。

こうして1975年には、京都、東京、埼玉、神奈川、沖縄、大阪、岡山、香川、滋賀の9都府県で、また川崎、名古屋、京都、

東京に初の革新都知事誕生。初登庁であいさつする美濃部都知事／1967年4月24日

神戸など4政令都市で革新首長が生まれ、全国の革新自治体総数は205になり、全人口の約43%がその中で生活するようになりました。

この革新自治体のうねりをつくり出した主体的要因は、地域的な共闘とはいえ、政策協定、組織協定に基づく対等・平等な持続的な共闘体制＝地域的統一戦線が世論を動かし、大きな力を発揮したことにあります。60年安保闘争を推進した国民会議は日本共産党に対する不平等な対応の問題を抱えていましたが、それを克服した統一戦線運動の成果でした。

2　労働組合の新しい展開

◆自治体労働運動の新しいあり方をめぐる模索

高度成長の矛盾が社会問題として深刻になる中で、自治体労働運動のあり方が議論され、新しい前進が見られました。それは労働者としての固有の生活と権利を守るたたかいとともに、住民の自治組織として自治体を民主化するたたかいの推進でした。

【地方自治研究全国集会の開催】こうした自治体労働運動のあり方の議論に大きな影響を与えたのが、地方自治研究活動でした。1957年4月に、第1回地方自治研究全国集会が甲府で開催されます。第1回集会のメーン・テーマは「自治体は住民の要求にどう応えているか」であり、

自分たちの担当している自治体の行政が住民のためになっているのかどうかという手探り状態を反映したものといえます。雑誌『世界』は「この自治研を通し、自治体労働者が、貧しい労働者でいながら、お役人ダゾと威張りたがる自分たちの二面性をよく反省し、他組合や住民への奉仕と提携の道を地道に歩まねばいけないという声が出てきたのは注目される」と評価します。研究テーマは1960年の第4回大会までは「自治体は住民の要求にどう応えているか」ですが、1961年の第5回大会からは「地方自治を住民の手に」へと住民自治を確立する方向に発展します。

　この自治労（全日本自治団体労働組合）の運動の中で、自治権をどう位置づけるかが議論され、自治労執行部は「自治労の自治研」の立場を強め、自治研全国集会が研究集会であり、地方議員や住民運動諸団体代表なども参加する統一戦線的な性格を持つイベントであることを否定するセクト的立場を強めていきます。しかし、この自治研集会は、自治体労働者の固有の権利と地方自治確立の課題との関連付けなど自治体労働運動のあり方を模索するうえで大きな意味を持っていました。

【大阪衛都連の「衛都連行動綱領草案」】 この時期、自治体労働運動のあり方に大きな影響を与えたのが、大阪衛都連（衛星都市職員労働組合連合会）「衛都連行動綱領草案」（1963年）です。大阪衛都連は、60年安保闘争の高揚の中で、1959〜62年にかけて全国が注目する賃金闘争で大きな成果をあげます。そして組織を強化し、自治体労働運動のあり方と方向性をあきらかにするために作成されたのが「行動綱領草案」でした。

　この中で、「『地域住民の繁栄なくして、自治体労働者の幸福はない』これがわが衛都連の基本的な立場である。さらに、地方自治体の民主化を勝ちとり、地方自治の実現をめざすたたかいの中でこそ、日本社会の民主的発展を地域でおしすすめることも可能になる」と宣言したのです。地域住民の幸せと自治体労働者の幸せを結びつけ、地方自治の実現によって地域から、日本社会の民主化をおしすすめる運動です。

　これまで自治体労働者は、自分が従事する仕事を通じて、国の収奪政

策の下請け化と住民の要求、抵抗の板ばさみに苦しんでいるというイメージ（サンドイッチ論）を強く持っていました。『草案』は、このイメージを克服して、自治体労働者は労働者階級の一員であり、同時に、地域住民に奉仕し、社会のために働く労働者であることを明確にしました。全国的な革新自治体の誕生の中で、こうした新しい運動の追求が全国で推進されていきます。

　【自治体労働者の「特別の役割」】京都では、1970年4月の知事選で自民、民社、公明の3党連合と社会、共産両党を軸とする革新勢力との激しい争いになり、15万票の大差をつけて蜷川知事が圧勝します。これを受けて、京都府職労第38回定期大会（1971年10月）で決定された運動方針の中に、「民主的京都府政のあらたな前進と自治体労働者の役割と責務」が明記されました。運動方針D項として叙述されたため、その後「D項路線」と呼ばれることになります。この中で、自治体の民主化のためには、民主的な首長、地方議会議員の力、地域における革新統一戦線の力、自治体労働組合の力が必要であるが、とりわけ自治体労働組合が他の三つの力を総合的に発展させる要の位置にあることが強調されています。そのうえで、自治体労働者は単にみずからの生活と権利を守るだけでなく、自治体行政の担い手として、自治体民主化の重要な責務を担っていることが強調されています。自治体労働者の「特別の役割」の指摘です。この「D項路線」は全国に大きな影響を与えました。

　革新自治体のもとで、自治体労働者は、自分たちの要求を実現するために、労働組合に団結してたたかい、さらに、行政を執行するものとして、地域住民の利益擁護を第1の課題とし、民主的自治体建設のためにたたかうこと、この二つを結びつけることが強調されたのです。まさに運動論と行政論を結びつける画期的な提起でした。革新自治体が全国で生まれる中で、自治体労働運動の新しい役割があらためて問われることになったのです。

◆教育労働者の新しい運動方向の模索

　教育の分野でも、この時期に労働運動の新しい展開をめぐる論争が行われました。たとえば、1970年6月の日教組（日本教職員組合）第38回定期大会では、「本格的賃金闘争への移行」の方針が決定されます。この中では、「大規模なストライキ」による「本格的な賃金闘争」が強調されています。これは、ストライキ闘争の強化によって日教組運動の前進を図ろうとする積極面を持ちながら、それまでの教育反動や安保闘争などのとりくみを精算主義的に反省し、国民的課題へのとりくみや民主勢力との共同を軽視し、これに対置するかたちで賃金・権利闘争を強調する傾向が強いものでした。

　この問題が73年春闘の総括をめぐって爆発します。4・27の半日ストライキにおいて、都教組（東京都教職員組合）は徹底した職場討議のもとに、ストライキ中の子どもの安全・保護のために「保護要員」を置く措置をとりましたが、7月の日教組大会（第43回大会）で主流派は、子どもの安全に関するいっさいの責任が校長や教育委員会にあり、「都教組が保護要員をおいたことは、日教組の『統一行動規制』違反」として厳しく批判したのです。都教組やそれを支持する代議員は、教職員組合にふさわしい運動形態、闘争形態とは何かという視点から、ストライキ中の子どもの安全問題は「あげて管理者の責任」ということでは済まされないとして、「教育労働者と教職員組合は、子どもの保護についても、父母・国民とともにたたかう方向で明確にしなければならない」と主張しました。

　教育労働者と教職員組合のあり方をめぐる論争が激しくなる中で、1974年4月17日、日本共産党は機関紙『赤旗』で「教師＝聖職論をめぐって」を発表します。その中で、「教師は労働者」とのみ規定する機械的な「教師＝労働者」論を教育の専門家としての責務を軽視するものとして批判しながら、教育の仕事が「きわめて精神的、文化的なもの」であり、その特性から「教師は労働者であるとともに教育の専門家」であ

ると規定したのです。いわゆる「民主的教師論」の提起でした。この共産党の提起は、日教組指導部との論争になりますが、日教組内部での運動の新たな発展をめざす議論に一定の影響を与えることになります。

　教育労働の分野でも、賃金や労働条件の固有の課題とともに、子どもの学習権を軸とする国民の教育権の実現に真剣にとりくむことが組合運動の基本的課題であるとする動きが一つのうねりとして成熟してきたのです。まさに〝抵抗〟の民主主義とともに〝建設〟の民主主義を追求する運動が教育の中でも活発になってきました。

◆働く女性たちのたたかい

　【「ポストの数ほど保育所を」】60年代を通じて、働く女性の要求として産休明けから預けられる保育所づくりの運動が活発化します。1960年前後は、保育所も少なく、あっても３歳児以上、保育時間も９〜16時が一般的で働く女性の実態にあっていませんでした。60年代の全国や各地の母親大会で保育所づくりがとりあげられ、「ポストの数ほど保育所を」が合い言葉になります。1961年には東京保育所づくり協議会が結成され、保育所要求婦人大会が開催されます。1964年２月には、総評婦対部・東京地評婦人協議会の主催で保育所要求全国大会が開かれました。このとりくみの中で、「家庭保育第一主義」を克服し、「救貧対策」ではなく、子どもの成長のための保育という視点が打ち出されたのです。こうして公立保育所の建設や充実を求めるとともに、母や父たちの運動によって無認可の共同保育所をつくり、行政からの補助を出させることが実現していきます。さらに、「子どもが小学校に入ったら仕事を辞めなければならない」という新たな悩みを解決するために学童保育の運動も活発化します。1967年に第１回全国学童保育研究会が開催されます。厚生省の調査では、1969年の鍵っ子は483万人、学童保育所は全国で730ヵ所、利用できる児童は２万9000人に過ぎませんでした。

　【女性の社会的役割の増大と権利を守るたたかい】先ほどふれたよう

に、高度成長の中でつくられた「M字型構造」という差別的な雇用構造の中で、女性労働者は「職場の花から戦力へ」と言われるように、社会的役割を増大させてきました。女性労働者は、1967年には1000万人を超え、1970年には勤労女性の54％が労働者になっています。女性が金属機械産業、男女共通の事務、やがて営業などの仕事に進出します。この中で共働きが増大します。1950年には11人に1人、1960年に5人に1人、1975年には2人に1人が共働きになります。またパートが急増し、1965年に20人に1人でしたが、1975年には5人に1人になります。女性労働者の増加は、労働組合の婦人部活動を活発化させ、女性の権利意識を高めていきます。産前産後休暇の延長、産休代替わり要員の確保など結婚し、出産しても働き続けられる条件を徐々に勝ちとっていきます。それは「結婚退職制」「出産退職制」「若年定年制」などの従来からの慣行とのたたかいでもありました。自分たちの人間らしく生きる権利を守るために裁判に訴えてたたかう女性たちが登場してきたのです。

　1966年の東京地裁で判決が出された「住友セメント事件」は、女性だけに結婚退職を迫るのは性差別であり、結婚の自由を制限するものであり、憲法違反という画期的なものでした。また1969年の「東急機関工業事件」は、女子若年定年制を初めて無効とする画期的な判決でした。女子従業員30歳定年、男子従業員は55歳と女子を著しく差別するものとして無効とする判決でした。これ以後、「岩手経済農協連合会事件」「名古屋放送事件」と、いずれも女子若年定年制を無効とする判決が出されたのです。女性たちのこうしたたたかいが徐々に職場における男女平等を実現していったのでした。

◆全金日本ロールのたたかいと映画「ドレイ工場」

　60年代の資本の「合理化」と真正面からたたかったのは、主に中小企業の労働組合でした。その典型が映画「ドレイ工場」で有名な全国金属日本ロール支部の争議です。日本ロールでは、全金加盟の組合結成の準

備が行われ、1962年10月、公然化します。会社側は、第二組合を結成して切り崩しをはかると同時に、組合幹部33名の解雇（1963年2月）を行い、被解雇者を守りつつ一緒に就労しようとした組合員を、暴力団と警察機動隊を使って暴力的に工場外に排除しました。こうして、工場からたたき出された争議団が、全国金属の旗を守りながら、就労にこぎ着けるまで11年におよぶたたかいが開始されます。たたかいは、1974年11月、全員解雇撤回、原職復帰という輝かしい勝利を収めました。

　このたたかいの特徴は、第1に、地域住民との共闘を強めたことです。争議開始直後は、「アカがやっているらしい」と相手にされなかったのですが、地域に入り、農作業を応援し、「街灯をふやせ」「保育所をつくれ」「道路を直せ」「区民税を下げろ」などの地域の要求を掘り下げ、対区交渉などでそれを実現していく中で、地域住民の支持を勝ちとっていきます。その結果、会社正門前の組合事務所の敷地を地域の農家から提供されます。

　第2の特徴は、日本ロール全労働者の統一と団結をめざしたことです。争議団は第二組合への働きかけを強め、全就労者に手紙を書き、就労者の要求や全国金属のたたかいの実態を知らせ、両者が同じ利益で結ばれていることを訴えました（争議団は「第二」や「御用組合」の名称を改め、「就労者」「労組」と呼ぶようにした）。

　第3は、一企業のたたかいを全労働者階級のたたかいに高めていったことです。争議団は警察や暴力団の弾圧の現場写真集、壁新聞による宣伝、他組合に対する宣伝、交流会、物品の行商など多様な活動で日本ロールの実情を訴えていきました。そうした努力の中で、1963年10月18日には、「日本ロール支援10・18大集会」が1万人を結集して東京日比谷野外音楽堂で行われ、1964年2月5日には、安保闘争後初めての全金東京東部の連帯ストが抗議集会、残業拒否を含めて1万人の参加で決行されました。

　このたたかいと連動して行われたのが、映画「ドレイ工場」制作・上

映運動です。『東京争議団物語』の刊行（1965年10月）を契機に、山本薩夫ら映画人と全国金属東京地本などの労働組合の懇談会が始められ、たたかう労働者の長編劇映画の制作の準備が具体化します。「みんなでつくり、みんなで上映しよう」をスローガンに、「ドレイ工場」制作・上映委員会が結成され（1967年9月）、運動が本格化しました。1967年10月に撮影が完了し、1968年から全国で上映され、多くの働く仲間に感動を与えました。全国の〝ドレイ工場〟や〝ドレイ職場〟でのたたかいを励ましたのです。この制作・上映運動は、「働く仲間の1人ひとりが映画づくり、上映運動の主人公となり、その力を基礎に、専門家の皆さんと一体となって進める運動」であり、労働運動と文化運動が一体となった画期的な試みでした（『10万人の創造』、「ドレイ工場」制作・上映委員会編）。日本ロール支部の争議の勝利に大きく貢献します。

3　第1次右翼再編の挫折

　同時にこの時期は親米反共的な右翼的潮流が拡大していく時期でもあったのです。「日本的労使関係」が形成され、高度成長の基幹産業部門の大企業労組を基盤として、反共・労資協調の右翼的潮流が拡大強化され、労働組合運動全体に大きな影響力を持つようになっていました。1964年には IMF・JC と同盟が結成され、右翼的潮流の組織的拠点になります。そして同盟は、1967年以降、民間部門の組織人員では総評を上回るようになったのです。その背景には、1965年5月の日産自動車とプリンス自動車工業との合併における全国金属プリンス自工支部への分裂攻撃などに見られる「大型合併」の強行と階級的労働組合への組織破壊があったのです。

　こうした右翼的潮流が拡大していくにつれて、日本の労働運動全体をその影響下に置くための「右翼的再編」の動きが具体化します。1969年頃から、全逓の宝樹委員長、同盟の滝田会長らを中心に据えた反共労働

戦線統一の運動が開始されます。この運動は、社会党江田派、公明党、民社党の連合による「体制内反共新党」の結成の動きと連動していました。右翼的再編の運動は、全民懇（全国主要民間労組委員長懇話会）の結成、統一世話人会の組織など活発にすすめられましたが、1972年の総選挙における民社党、公明党の後退、社会党の前進、共産党の躍進という政治情勢の大きな変化によって挫折します。この段階では、これまで述べた労働運動の高揚と革新政党の成長によって、「右翼的再編」は実現しませんでした。

4　国民春闘への発展

　1968年を節目に春闘が攻勢的になります。イタリアやフランスの労働運動の高揚と連動していました。60年代後半以降の労働運動の前進は、争議参加人員の増大やストライキ闘争の高揚に示されています。戦後の争議参加人員は、敗戦直後の1948年の671.5万人をピークにいったん減少し、1956年頃から増大し始め、1966年に1094.7万人と初めて1000万人を超えるのです。1969年には1448.3万人にも達します。ストライキ闘争への参加は、1969年に307.1万人、1973年には492.9万人に達しますが、これは1948年の260.5万人を約20年ぶりに破るものでした。

　68年春闘から、インフレーションの中で、「5桁要求」という大幅賃上げとともに、全国一律最低賃金制、公共料金や物価値上げ反対、社会保障充実などの国民的要求を掲げるようになります。70年春闘は、70年安保闘争の中で行われ、総評が「大幅賃上げ、全国一律最低賃金制」「週40時間」「年金改善」「日米安保条約廃棄」などの15大生活要求を掲げたように、生活闘争としての色彩を強めるとともに、経済闘争と政治闘争との結合を図っていったのです。

◆1971〜73年の春闘

1971〜73年の春闘は、こうした生活闘争路線に基づいて行われました。物価問題や社会保障の要求とともに、公務員の「スト権回復」が掲げられるようになり、春闘において公労協が推進的役割を果たすようになります。

　72年春闘は不況下の高物価の中で行われました。3月12日に東京で3年ぶりの物価メーデーが行われました。また、海員組合は、「賃上げ、人間性回復、合理化反対」のスローガンを掲げて、4月14日から92日間の長期ストを実施し、賃金の大幅引き上げなどの要求を実現します。さらに、4月27日には、私鉄、全日通、全港湾、全自連などによる初の「交運ゼネスト」と呼ばれるストが行われました。

　73年春闘はオイルショック下の激しい物価高騰のもとでたたかわれ、大きく高揚します。人勧の完全実施と4月実施をようやく勝ちとった公務員労働者は、この春闘に初めて本格的に参加しました。2月10日に、公労協・公務員共闘のスト権奪還をスローガンとする初めての「スト権回復スト」や順法闘争が行われました。3月11日には「年金・物価メーデー」が15万人の参加で行われましたが、年金要求を内容として労働組合が大衆集会を開いたのは初めてのことでした。そして4月17日には、歴史的な「年金統一スト」が行われ、54単産、353万4000人が参加したのです。政治ストとしては、60年安保闘争に次ぐ春闘史上最大規模でした。この年金闘争の中で、賃金スライド制の実施が勝ちとられます。たたかいの過程で、国労、動労の順法闘争や交通ゼネストへの不満と不安があおられ、「上尾暴動」（3月13日）や首都圏各駅での騒動が頻発しました（4月24日）。

　4月27〜28日の交通ゼネストは、これまでの最大規模になります。新幹線が開業以来初めてストで止まったのです。このゼネストを背景に、対政府交渉が行われ、公務員制度審議会で労働基本権問題の速やかな結論、ストにより処分された組合員の取り扱いについては公正慎重に行うなどの7項目合意（4月27日）がなされました。

◆74年春闘──国民春闘になる

　こうした1971〜73年の生活闘争の前進の中で行われたのが1974年の「国民春闘」でした。74年春闘は、前年のオイルショックを契機とする狂乱インフレ、モノ不足の中で行われ、「インフレから生活をまもる国民春闘」としての特徴を鮮明にしていました。1月25日、社会、共産、公明3党と労働団体、市民団体で「インフレ阻止・物価値上げ反対・生活危機突破国民連絡会議」（インフレ阻止国民会議）が結成され、2月に「インフレ粉砕・生活危機突破大集会」が開催されます。

　3月から4月に反インフレ・賃上げの6波にわたるストライキが行われ、とくに4月11日から国労、私鉄を中心とする交通ゼネストになり、日本の〝足〟は2日間完全に麻痺したのです。公労協は72時間、96時間の連帯スト、国労は62時間連続ストを敢行します。官民ゼネストに史上最大の182単産、1270万人が参加しました。国民的要求の実現はきわめて不十分でしたが、国民の支持のもとにストが行われ、賃上げは、民間2万8981円、32.9％という春闘史上空前のものになったのです。

◆国民春闘の意義と可能性

　1970年から1974年にかけての春闘は、年金などの社会保障や物価問題などの国民的課題にそれなりに真正面からとりくもうとしており、日本社会の民主的再編に労働組合運動が挑戦を開始したことを示していました。それは、戦後労働組合運動の狭さを克服する努力をも意味していたのです。こうした運動の転換の背景には、高度成長によって地域社会が変貌し、生活の「社会化」が進展する中で、これまでの〝貧困論〟の枠組みでは解決できない都市問題や公害・環境問題などの社会的問題の出現という現実がありました。それは古典的貧困と区別される現代的貧困、新しい貧困の問題とのたたかいであったのです。

　そのため、従来のような職場内の労働運動だけでは、問題を解決する

ことはできず、地方自治体や国政という政治の領域で解決することが求められていました。労働運動の闘争領域が拡大し、さまざまな国民運動や社会運動との連帯が不可欠になります。まさに60年代にすすんだ〝抵抗〟と〝建設〟のたたかいを結びつけた、新しい労働運動の集約点が国

74春闘　交通・運輸のストライキ。私鉄バスの職場集会の様子／1974年3月26日

民春闘でもあったのです。その意味で、賃金春闘から国民春闘への転換は不可避でした。国民春闘への発展は、戦後日本の労働運動の企業内主義、経済主義という歴史的な問題点の克服の可能性を生み出していたといえます。

5　複合的社会の成立

　ここで重要なことは、これまで説明した60年代の社会運動や労働運動の発展、革新自治体の実現などによって、人権と生存権、環境権、教育権、住民自治などの憲法と民主主義的な理念が社会の中に浸透し始め、社会のあり方に大きな影響を与えたことです。ところが、この時期は高度成長の時代であり、日本社会は大企業中心社会になり、企業主義と競争主義の理念やシステムが支配的になり始めていた時代でもあったのです。こうして日本社会は、一面における企業主義と競争主義、他面における民主主義と人権の浸透というように、相反する両者の対抗とせめぎ合いという複合性を持つ社会に転換し始めました。

　日本の支配層にとって、この日本社会の複合性を破壊すること、そのためにも社会運動と労働運動を封じ込めることが歴史的課題になったのです。

Ⅳ
労働運動の新段階
―右翼的潮流が主導権を
(1975〜90年)

労働戦線の第2次右翼的再編と連合の誕生

　今日ではあたりまえに思われている連合などの右翼的潮流の主導権はどのように成立したのでしょうか。連合の成立は、右翼的潮流が戦後初めて労働運動の主導権を掌握したことを意味しており、さらに、革新統一を破壊し、自民党政治を補完する新しい政治勢力の結集をめざすものでもありました。しかし、同時に、たたかうナショナルセンターである全労連が発足し、右翼的潮流とのせめぎ合いの時代が始まります。その中で、労働者を守るためのさまざまな努力が開始されます。こうした意味で、今日に直接つながる労働運動の新段階が始まったのです。

1　スト権ストの挫折

◆戦後最大規模の全国的ストライキと闘争の挫折

　国労を中心とする公労協は、ストライキ権回復をめざして、1975年11月26日から12月3日までの8日間、戦後最大規模の全国的ストライキを実行しました。マル生運動の失敗によって、国鉄当局内に「労使関係正常化」論が生まれ、1973〜74年のたたかいの高揚によって、組合の側にも、スト権への「射程距離」論が浸透していたのです。73年春闘の中で、2月に最初の「スト権スト」が行われ、4月26日には、官民一体となった交通ゼネストが行われました。このゼネストを背景に、対政府交渉が行われ、公務員制度審議会（公制審）で労働基本権の速やかな結論を出すことになり、同年9月、公制審は一律禁止、部分承認、条件付き付与の三論併記の最終報告を行ったのです。そして、74年春闘では、4月10

日から３日間の交通ゼネストが行われ、４月13日に1975年秋までにスト権問題の解決に努力するという「五項目了解事項」に合意します。具体的には、５月10日に公共企業体等関係閣僚協議会（閣僚協）とその

1975年・公労協（９組合）と地公労（３単産）スト権奪還のため11月26日から８日間にわたる史上最大のストライキを実施／1975年11月26日

もとに専門委員懇談会（専門懇）が発足しました。

　1975年11月１日、公労協は「統一要求書」（①三公社五現業の労働者にスト権を回復せよ②立法段階に向けてその期限と方法を明示せよ③処分の悪循環を断つため、処分を凍結せよ）を政府に提出します。それに対して、11月26日、専門懇が「三公社五現業のあるべき性格と労働基本権問題について」という意見書をまとめ、争議権を認めないとしたのです。

　これに対して、公労協は11月26日から12月３日までの８日間の「スト権スト」を実行します。政府は、12月１日、「三公社五現業等の労働基本権問題等に関する政府の基本方針について」という政府声明を発表し、11月26日の専門懇意見書を尊重してスト権を認めないことをあきらかにしました。「スト権スト」はそれまでの最高水準の闘争エネルギーを発揮しましたが、具体的成果を勝ちとることはできずに敗北します。

◆「日本的労働組合主義」の特質と問題点

　「スト権スト」が、いわゆる民同左派の「日本的労働組合主義」運動

の最高の到達点であることは間違いありません。先ほど述べた現場協議制確立闘争、マル生反対闘争の発展の上にスト権奪還闘争が行われ、職場闘争が大きく発展しました。ヨーロッパでは一般的に労働組合主義は労資協調主義とは考えられていません。労働組合主義を労資協調主義としてしまうと、ヨーロッパの労働運動を理解できなくなります。労働組合主義は、労働組合に団結し、雇主と政府から労働者の待遇改善や立法を勝ちとることを主張し、必要があれば雇主や政府とたたかうという考え方といえます。そのために職場闘争を重視します。

ところが、日本では同盟やJCの右翼的潮流の幹部がみずからの立場を労働組合主義と主張するので、誤解が生まれています。彼らの主張や運動は、労働組合主義だからダメなのではなく、労働組合主義のレベル以下の資本従属的な労資協調主義だから労働者の利益にあわないのです。しかし同時に、労働組合主義は、資本主義体制を前提にしており、体制変革は問題外としています。ヨーロッパではこの点が科学的社会主義の潮流から、労働運動を資本主義体制の中に押しとどめる役割を果たしていると批判されてきたのです。

民同左派の「日本的労働組合主義」は、国労の職場闘争に示されるように、労働組合主義としての積極的側面を持ち、それを発展させる可能性を持っていました。右翼的潮流のように、体制変革の政治闘争を否定しておらず、労働組合主義の限界に挑戦する意味を持っていたとも言えます。

しかし、「日本的労働組合主義」は、重要な問題を抱え、労働組合主義の限界を克服できなかったのです。第1に、「日本的労働組合主義」は右翼的潮流のように、体制変革の政治闘争を否定していませんが、社会党一党支持路線にこだわり、統一戦線運動と結びついた労働運動論に立つことができませんでした。第2に、職場闘争を重視していましたが、どのようにして企業横断的なたたかいに発展させるのか、どのようにして産業別統一闘争や国民的共同と結合させるのかという問題意識が貧困

であったことです。企業内主義の枠の中での「戦闘的職場闘争」＝「職場闘争主義」にとどまりがちだったといえます。

スト権奪還闘争は公務員のスト権という国民的性格を持ったものであり、相手が国鉄当局をこえる政府自民党であり、その背後に存在する財界でした。いくら戦闘的であっても国鉄という公共企業体内の職場闘争だけでは限界でした。官民一体となった労働運動の共同のたたかいが必要であり、それを支える革新統一の政治的共同行動が重要であり、国民との連帯が不可欠でした。圧倒的な国民的共同で政府を追いつめなければ勝利の展望を切り開くことができなかったのです。

その点で、民間分野の労働組合との連帯を組織できず、また革新統一の点でも、相変わらず社会党窓口論を克服できませんでした。さらに、国民の支持の獲得という点ではきわめて不十分でした。1973年の順法闘争の中で起きた上尾暴動事件に示されているように、国民の交通ゼネストへの反発はかなりのものがあったのです。重要なことは、スト権回復が労働者の権利の回復であるとともに国民の民主主義的権利に関わる問題でもあり、さらに「国民の国鉄」を実現するうえで、スト権回復がどのような意味を持つかを徹底的にあきらかにすることにあったのです。

2　国民春闘の変質

◆政・財・労の連携と「JC春闘」へ─「ストなし」「一発回答」による管理春闘に

オイルショック（1973年）の中でインフレが深刻になり、資本主義諸国はインフレ抑制のため、総需要抑制政策をとらざるを得なくなります。日本でも、1974年5月、福田蔵相が来春以降は賃上げと物価上昇の悪循環を断ちきるためとして、賃上げガイドラインの設定を提起します。日経連も「大幅賃上げは国民経済を破壊する」というキャンペーンを開始しました。春闘と賃金問題が政治問題化したのです。その中で、同年8

月の鉄鋼労連の別府大会で宮田委員長は「経済成長に見合った実質賃上げ闘争に転換し、これまでの前年プラスアルファという要求パターンを転換すべき」という賃金抑制の挨拶を行いました。同盟の天地会長も宮田発言の支持を表明します。そのうえで、日経連が11月に、「大幅賃上げの行方研究委員会報告」[1]を策定し、賃上げを1975年15％以下、1976年以降1桁台というガイドラインを設定したのです。こうして政・財・労の連携が公然化します。

　政・財・労の連携のもとに、75年春闘では、鉄鋼、造船の「スクラムトライ」[2]で前年マイナス・アルファとなり、76年春闘では、鉄鋼、造船、電機、自動車の金属4単産の「集中決戦方式」[3]で春闘相場を決定づけます。こうして、75年春闘は前年の32.9％から13.1％へ、76年春闘は8.8％の前年マイナスの1桁賃上げへ転換し、まさに日経連のガイドラインどおりになったのです。春闘の主導権が総評や推進的役割を果たした公労協からJCに移行し、「JC春闘」のちに「管理春闘」とよばれるようになります。「JC春闘」は賃上げ自粛と「ストなし」「一発回答」を特徴としており、春闘が、「賃上げ機能」から「賃金抑制の下方平準化」へと変質を始めたことを意味していました。

　こうした国民春闘の変質は、先ほど指摘した戦後日本の労働運動が抱える歴史的問題点克服の可能性の喪失を意味していました。JCの主導権が強まることによって、逆に企業内主義、経済主義の傾向がいっそう強まっていくことになります。

　それにしても、70年代前半に大きく高揚した国民春闘の主導権が、なぜ急速に総評からJCに移り、春闘が変質していくことになったのでしょうか。その最大の要因は、国民春闘推進の最大組織であり、総評を支えていた公労協の1975年のスト権ストの挫折にあると言えます。この挫折によって、公労協と総評は運動の展望を喪失し、JC路線に屈服していくことになります。

※1　財界の春闘対策指針としてこれ以降毎年出される。1975年から「賃金問題

研究委員会報告」、1980年から「労働問題研究委員会（労問研）報告」、2003年、日経連と経団連の統合後から現在までは「経営労働政策特別委員会（経労委）報告」。

※2　75年春闘は、春闘変質の転換点であった。スクラムトライは、ラクビー用語で、スクラムのままボールを保持してインゴールまで持ち込むこと。鉄鋼労連の宮田委員長は「前年マイナス方式」「経済安定優先」を叫び、鉄鋼と造船のスクラムで、前年マイナスで妥結し、春闘変質のために突進した。

※3　JCは初めて4単産の集中回答でJC春闘をスタートさせ、一桁賃上げ時代が始まった。

3　労働戦線の第2次右翼的再編と企業社会への転換

◆反共的な選別結集と「政治的起爆剤」

スト権ストの挫折を契機に、労働戦線の右翼的再編が本格化しました。1978年の同盟大会で「民間先行」「左右の全体主義反対」の反共的な選別結集が提起されます。そして、1980年9月に推進派の民間6単産の委員長で構成する「民間先行の労働戦線統一推進会」が結成され、1981年6月に「労働戦線統一の基本構想」が発表されました。その特徴は、「選別結集」「組合主義」とともに「政治の流れを転換するために、新たな起爆的役割」を労戦統一に求めていたのです。

◆「減量経営」と企業依存的傾向の強化

70年代のオイルショックを契機に、世界経済が不況と物価上昇が同時に起きるスタグフレーションで混乱する中で、日本経済は不況からの驚異的な回復を実現し、80年代には世界のGNP（国民総生産）の1割を占める超経済大国になります。貿易戦争での圧勝によるものですが、その要因は、IC（集積回路）やコンピュータを中心とする生産技術の改良とその応用が徹底的に追求されたことであり、そのうえ、賃金の抑制、人減らし「合理化」の「減量経営」が、労資協調的な労働組合の全面的協力のもとで成功したことにあります。

70年代後半から80年代にかけて、日本社会のあり方が大きく変化しました。「減量経営」が強行された職場（とくに大企業職場）では、能力主義管理が強まり、60年代に形成された「日本的労使関係」の再編がすすみました。賃金の基本が年功制から、職能給を中心とする「能力主義賃金」に移行します。賃金が個人の職務遂行能力から決められるようになり、労働者間の競争がいっそう激しくなります。雇用は、非正規雇用労働者の大幅利用とともに、定年の繰り上げ実施、出向、転籍、配転が分社化・子会社づくりとあいまって日常化します。終身雇用制が「半身雇用」に変容したと言われたのです。そして大企業の企業別組合は、この「合理化」に全面的に協力し、企業との癒着をいっそう強め、単なる労資協調から労使一体化へ変化しました。労働組合が企業と一体化する中で、労働者の中でも、みずからの雇用と生活を守るには企業に依存せざるを得ないという企業依存的傾向が強まっていきます。

◆臨調「行革」と国鉄の分割・民営化

　1981年３月、第２次臨時行政調査会（第２臨調、会長には前経団連会長の土光敏夫）が発足し、臨調「行革」が始まると、大企業を美化し、「民営化」を促進する大キャンペーンが行われます。

　この中で、〝メザシの土光さん〟の大キャンペーンが行われました。民間（企業）は生き残るために涙ぐましい努力をしているのだから、親方日の丸の「官」は民間を見習う必要があるというものです。国民の中に、「官」＝悪、「民」＝善という雰囲気が意識的につくられていきます。すべてを「民」＝企業の利潤第一主義に任せるのがよいのだという雰囲気がマスメディアを通じて国民の中に浸透していきました。60年代から70年代にかけて、公害や「オイルショック」で強まっていた〝利潤第一主義と悪徳商法の大企業〟という印象を取り除くうえで大きな意味を持ったのです。

　こうして日本社会は、60年代につくられた複合性が歪められ、大企業

中心の企業社会に転換していきます。

　この雰囲気の中で、電電公社（いまのNTT）・専売公社（いまのJT）の民営化と国鉄の分割・民営化が強行されます。1986年11月に関連8法が成立し、国鉄はJRと呼ばれる6つの旅客鉄道株式会社と貨物株式会社、および特殊法人である新幹線保有機構と国鉄清算事業団とに改組されます。

　同年10月に開かれた国労臨時大会で、執行部は、国鉄当局への屈服路線をとる社会党、総評に同調し、分割・民営化反対の旗を下ろすという原案を提起しますが、否決され総辞職してたたかう執行部が選出されます。この大会以降、国労への当局の分裂攻撃が一段と激しくなり、約16万人の組合員が約6万人（1987年3月）に減少し、国労から脱退した旧執行部とその支持グループは、1987年2月、鉄産総連（日本鉄道産業労働組合総連合）を結成しました。戦後の総評の中心的戦闘部隊であった国労が弱体化されます。JR採用にあたって、国労と全動労の組合員が徹底的に差別されました。

　1987年2月、不採用者を「余剰人員」として、7628人を国鉄清算事業団の「人活センター」に再配置し、3年後の1990年3月、最終的に1047人を国鉄清算事業団から解雇します。これが分割・民営化にともなうJR不採用の「1047名問題」です。国労や全動労などは「1047名闘争」に全力をあげます。

4　ガイドライン体制の成立と「社公合意」

　ベトナム戦争終結（1975年）後、東アジアのアメリカの帝国主義的支配を補完するため日米安保体制の再編がすすみました。1978年、ガイドライン（「日米防衛協力のための指針」）が正式に決定されたのです。ガイドラインは、ベトナム戦争後の「ソ連の脅威」に対抗する日米共同作戦体制の基本的指針を具体化しようとするものでした。このガイドライ

ン体制のもとで、1981年、鈴木・レーガン日米首脳会議が行われ、戦後初めて「同盟関係」が明記された共同声明が発表されます。公然とした日米同盟の段階に入ったのです。

◆社会党の路線転換と革新自治体つぶし

　こうした日米関係の変化と連動して、野党再編がすすみました。社会党は、一連の国政選挙の敗北の中で、選挙協力を求めて、急速に公明党に接近します。こうして1980年1月、「日本社会党と公明党の連合政権についての合意」（社公合意）が締結されたのです。政権協議の対象から共産党が除外され、政策的に、安保条約と自衛隊の「当面存続」が容認され、社会党は全野党共闘と安保条約即時廃棄の立場からの転換を始めます。この社公合意締結前後に、革新統一が壊され、各地で革新自治体が敗北していきます。1978年に京都と沖縄、1979年に東京と大阪で革新自治体が敗北します。この意味で「社公合意」締結は、社会党の路線転換の開始であるとともに、60年代後半から70年代前半にかけて生まれた革新高揚の終結を意味していました。

　「社公合意」は、戦後の革新運動のあり方に決定的な影響を与えます。労働運動、平和運動、女性運動など社会運動のあらゆるレベルで混乱と分裂が生じます。いわゆる戦後革新の軸であった「社共統一」が解体され、革新統一の分裂が促進されたのです。

5　総評の解散と連合の発足―右翼的潮流が戦後初めて労働運動の主導権を掌握

◆新しい政治システムと労働戦線の右翼的再編

　「社公合意」による革新分断を前提に、1982年に発足した中曽根内閣は〝戦後政治の総決算〟を主張しました。これには二つの意味があったのです。一つは憲法体制の〝総決算〟であり、高度成長期の解釈改憲路線からの転換という意味でした。もう一つは、保守政治の転換という意

味です。経済主義的な戦後保守政治から「国家の改革」を公然とめざす、統治のための統治をめざす保守政治への転換でした。この意味で、その後の安倍政治の出発点はこの時期にあると思われます。

この問題意識のもとで新しい政治システムの構築がめざされました。その特徴は第1に、「かつて革新自治体運動を推進する主要な基盤となった労働組合勢力」を今後は「幅広く与党の中に取り込むこと」でした。1980年の自民党大会で、健全な労働組合との定期協議という運動方針が決定され、自民党幹部と右翼再編をすすめる労働組合幹部との情報交換や定期協議が活発化します。第2には、「もっと広く、いわば都市住民とか消費者、あるいは高齢者という人々の声を直接、吸収できるような政治組織」の構築です。全体として、それまでの農村を基盤とする自民党から都市を基盤とする自民党への転換がめざされたのです。

このような新しい政治システムの構築に労働戦線の右翼的再編は連動していました。

◆連合の発足

1982年に全民労協（全日本民間労働組合協議会）、1987年に民間「連合」が結成され、労働戦線の右翼的再編が急速に進みます。1986年には、全民労協が新しいナショナルセンターの綱領的文書である「進路と役割」を決定し、「政権を担いうる新しい政治勢力の形成に協力」することが新しいナショナルセンターの「基本目標」としました。「非自民」「反共産」の政治勢力の形成に貢献する労働組合運動の構

長年の労働戦線の右翼的再編の仕上げとして官民統一をはたし、1989年11月21日・日本労働組合総連合会（連合）が結成される。構成組織は74単産・友好組織4単産の78単産、798万2398人／1989年11月21日

築がめざされたのです。

　こうして、1989年11月21日に、総評が解散し、連合（日本労働組合総連合会）が発足しました。組織人員が798万2398人と報告され、日本の組織労働者の65.3％を占める日本の労働組合運動史上最大のナショナルセンターでした。こうして同盟・JC系の右翼的潮流が戦後初めて労働運動の主導権を掌握することになります。

統一労組懇運動と全労連の結成

　右翼的再編に反対し、たたかうまともな労働組合の全国的結集をめざす運動が大きく前進し、1989年11月21日、連合の結成と同じ日にたたかうナショナルセンターである全労連が誕生しました。日本の労働組合運動は連合と全労連を軸とする新しい時代を迎えることになります。この全労連の結成にあたって大きな歴史的役割を果たしたのが統一労組懇（統一戦線促進労働組合懇談会）の運動でした。

1　統一労組懇の創設とその運動

◆統一労組懇運動の出発点

　統一労組懇運動の出発点は、1966年12月に開かれた「選挙闘争の経験を交流する労働組合懇談会」でした。翌年に予定されている総選挙や統一地方選挙を前に、わが国の労働組合運動の誤りである特定政党支持（総評＝社会党、同盟＝民社党）の労働者への義務づけに反対し、政党支持の自由と政治活動の自由を保障し、要求や闘争課題で一致する政党と協力、共同をすすめるという方針を確立しているいくつかの中央単産が、労働組合としての選挙闘争の経験を交流するために開催したのです。

　その後、1969年11月、日米安保条約の固定期限終了（1970年）や「沖縄返還」を前に、38単産が安保条約廃棄、沖縄全面返還を中心課題とする全民主戦力の持続的共同を求める「全民主勢力の統一のためのアピール」（38単産アピール）を発表しました。総評や同盟の「特定政党支持路線」を批判し、全民主勢力の統一戦線結成を訴えたのです。この「38

単産アピール」は多くの労働組合に支持され、各都道府県に賛同運動を広げる世話人組合会議がつくられ、賛同署名が広がります。この中で、1970年3月、統一促進懇（全民主勢力の統一促進労働組合懇談会）がつくられます。

◆統一労組懇の誕生

　1974年11月、統一促進懇世話人単産代表者会議が開かれ、今後この運動を統一労組懇としてその発展に努めることを合意し、次のような6項目の「申し合わせ」が確認されます。

　今後の共同行動の内容は、①政府、自治体への制度的要求の実現をめざす闘争の具体化、②経済的、社会的、政治的諸課題、その他必要な問題についての態度表明、③労働戦線のための必要な提言、④革新統一戦線結成のための必要な運動、⑤共同の学習、教育活動、⑥未組織労働者の組織化のための共同のとりくみなど、でした。さらに、「この趣旨に賛成する労働組合なら、いつでも参加できる」と広く門戸を開いていました。この意思統一に基づき、第1回全体会議が1974年12月5日に開かれ、先の「申し合わせ」を確認し、この日を統一労組懇の誕生と歴史的な活動の出発点としたのです。結成時の世話人組合は、全日自労（現、建交労）、全自運（現、建交労）、全農協労連、医労協（現、日本医労連）、民放労連、日高教（現、全教）、国公共闘（現、国公労連）の7単産でした。

◆統一労組懇の活動

　統一労組懇は、労働戦線の右翼的再編の動きに対して、1979年6月12日、「労働戦線の真の統一のために」と題する呼びかけを発表します。さらに、同年11月6日、統一労組懇世話人組合が「真に労働者の利益を守るナショナルセンターのあり方についての全国的討論を」を提起し、階級的ナショナルセンター結成の活動が本格化します。続いて、11月12

日、統一労組懇主催の「第5回働くものの秋の学習大集会」が「労働戦線統一、真のナショナルセンターのあり方」をテーマに開かれ、1000人を超える活動家が結集しました。また1980年12月の年次総会は、「三原則」（資本からの独立、政党からの独立、一致する要求での行動の統一）に基づく階級的ナショナルセンターの確立を呼びかけます。さらに、1982年8月の年次総会では労働戦線の右翼的再編に反対する「左派勢力」との大連合を提唱しました。

　1983年7月、統一労組懇は、83年春闘でとりくんだ「共同」を発展させ、「右翼労戦再編反対の共同」「国民春闘再構築の共同」「革新統一の力量を高める共同」という「3つの共同」を提唱します。さらに、1984年年末の臨時総会では、「核戦争阻止、核兵器の全面禁止をめざす共同」を加えて「4つの共同」としてまとめられました。このように、80年代になると、統一労組懇は共同行動にとりくみながら、労働組合運動の労使一体化による右翼的変質に反対し、「三原則」に基づく真のナショナルセンターの確立をめざす運動にとりくむことになります。

2　全労連の誕生

◆全国革新懇の結成

　1980年1月の「社公合意」による革新統一の分断と社会党の右翼的変質という新しい状況を受けて、1981年5月、全国革新懇（平和・民主主義・革新統一をすすめる全国懇話会）が結成されます。革新懇は、革新統一の世論形成と運動を推進するための団体と個人からなる運動体でした。革新懇運動の展開の中で、革新統一を政党の組み合わせだけで考えるのではなく、共通の課題と共同の意志に基づいてすべての政党、諸団体、個人を結集する革新統一の新しいあり方が提起されます。全国革新懇は、3つの「共同目標」を提起し、80年代の革新の陣地を守る統一戦線運動の推進母体としての役割を担います。3つの共同目標とは、①軍

備拡大や大企業、財界の利益のために国民の暮らしを犠牲にする臨 調<ruby>りんちょう</ruby>路線に反対し、軍事費の削減と福祉、教育の充実を実現する、②憲法改悪をはじめ軍国主義復活のあらゆる策動、金権、腐敗勢力の政治支配に反対し、自由と民主主義を守る清潔、公正な政治を実現する、③核兵器の全面禁止を緊急課題として、レーガン米政権の限定核戦争構想への協力・加担に反対し、日本を核戦場にする日米軍事同盟をやめ、非核・非同盟・中立の日本をめざす、ことです。

この新しい統一戦線運動の担い手として期待されるのは労働組合運動です。戦後の歴史を振り返ると、労働組合運動は統一戦線運動の中核的役割を果たしてきました。統一戦線運動を支え推進する新しいナショナルセンターの存在が強く求められていたのです。

◆ 「階級的ナショナルセンター確立の展望と骨格案」の発表

統一労組懇は、1987年7月の年次総会で「階級的ナショナルセンター確立の展望と骨格案」を発表し、あらためて階級的ナショナルセンター確立の「三つの原則」(資本からの独立、政党からの独立、一致する要求での行動の統一) を提唱しました。右翼的再編の進行と総評も解散を固めるという状況の中で、階級的ナショナルセンターの結成が急務であると強調しました。その役割と機能は、労働組合の諸闘争を全国的・全産業的に統一し、調整すること、また日本の労働組合運動の積極的、戦闘的伝統を継承・発展させること、さらに、政策立案、調査研究、労働者教育、国際活動などをすすめることとしたのです。同時にこのナショナルセンターの組織は、産業別の全国労働組合と地域的に労働組合を結集した地方組織(ローカルセンター)によって構成され、産業別のたたかいと地域のたたかいを結合して全国的な運動の前進をめざすこととされました。

そして1988年12月18日、全国から50産別7000労組、1万人が参加して、階級的ナショナルセンター確立を正面に掲げた総決起集会が開催されま

す。「訴え」「行動綱領案」「規約素案」が発表され、いよいよ階級的ナショナルセンター結成に向けて大きな一歩を踏み出すことになったのです。

◆たたかうナショナルセンター結成へ

　労働戦線の右翼的再編の中で、メーデーの変質の策動が具体的になります。右翼的潮流は、「メーデー近代化」の名の下に、メーデーをお祭りやスポーツ祭に変え、たたかうメーデーの伝統を変質させようとしたのです。1989年の第60回メーデーの（中央）メーデー実行委員会では、それまでの共闘の大原則である「満場一致制」から「多数決制」への変更が多くの反対を押し切って「数の力」で強行されました。

　これに対して、統一労組懇や右翼的潮流の横暴に反対する多くの労働組合、民主団体などが「第60回メーデー実行委員会」を新たに結成します。この他に、この実行委員会とは別に金融・商業・協同組合（生協労連、全農協労連）の実行委員会、マスコミメーデー実行委員会がつくられ、1989年5月1日、これらの3実行委員会共催のメーデーが開催され、23万人が参加して大成功します。こうして連合路線に与しない独自のナショナルセンター結成への確固たる決意が示されるメーデーになります。

　独自メーデー開催を目前にした4月22日、総評などのナショナルセンター所属の経験のない純中立のマスコミ関係の民放労連、出版労連、広告労協の呼びかけで「ナショナルセンター問題懇談会」が開かれます。この「懇談会」は4回開催され、準備会の結成前からナショナルセンターのイメージが議論されます。この議論の中で、統一労組懇が主張してきた「階級的民主的」という表現に純中立の組合から異論が出されます。「階級的民主的」かどうかは社会的・客観的な評価によるべきで、自分で言うべきではないという意見が出され、討論の末、「階級的民主的」という表現はやめ、「たたかうナショナルセンター」の追求ということになりました。

そのうえで、6月12日、「たたかうナショナルセンターづくりに向けての円卓会議」への参加要請が発表されます。呼びかけは、国公労連、民放労連、全信労（現、金融労連）、日本医労連、自交総連、一般中小労組連絡会（現、全労連・全国一般）の6組織の委員長・代表でした。第1回「円卓会議」が6月23日に開かれ、7月5日の第2回「円卓会議」では、統一労組懇や各単産の「ナショナルセンター構想」をもとにまとめられた「たたかうナショナルセンター結成にむけての提案」が議論されました。結成に向けて具体的な準備が開始されます。

こうして、8月4日、東京・神田パンセで「たたかうナショナルセンター結成準備会発足総会」が開かれます。正式参加単産26、オブ参加単組2、地方組織12準備会、オブ参加5準備会でした。発足総会の最後に「全国の労働者、労働組合へのアピール」を発表します。

◆労研センターから全労協へ

労働戦線の右翼的再編に危機感を持った岩井章元事務局長、大田薫元議長、市川誠元議長の総評顧問3氏は、1983年3月、右翼的潮流の全民労協のめざす方向は「現代の産業報国への道」として、労働運動研究センター（労研センター）を発足させました。労研センターは、総評3顧問を中心に総評主流内単産の幹部活動家、学者の個人加盟によって成り立ち、「総評運動の階級的戦闘的再生」を目的に全民労協参加拒否を掲げていました。しかし、統一労組懇との共闘は否定しないが新しいナショナルセンターづくりには同意しなかったのです。統一労組懇の提唱する大連合には賛同しませんでした。総評が、1987年5月の拡大評議員会で「新ナショナルセンター結成」を内定したことから、労研センターは「総評解体を許さない」を全国の左派系活動家に訴えます。1988年になると、労研センターは、「連合に反対するすべての労働者・労働組合の結集」と総評左派や純中立組合の受け皿として全国労働組合連絡協議会（全労協）の結成を呼びかけます。全労協は共闘組織であり、ナショナ

ルセンターではないとして、統一労組懇が追求するナショナルセンターに参加できない組合の結集をめざしたのです。そして、1989年12月、旧総評の左派系組合により全労協が結成されました。

◆全労連の結成

1989年11月21日、東京・日比谷公会堂でついに「たたかうナショナルセンター」全労連（全国労働組合総連合）が結成されました。27全国単産と41地方組織、約140万人を代表する代議員、傍聴者がつめかけたのです。1958年に産別会議が解散して以来、30年の空白がありましたが、その空白を埋めるたたかうナショナルセンター（本質的には階級的民主的なナショナルセンター）がついに実現したのです。それは単なる復活ではなく、その歴史を継承・発展させる快挙でした。

全労連は、「三つの原則」を堅持し、活動推進の基本として、組合民主主義の徹底、職場を基礎にした産別と地域のたたかいを調整し、全国的統一闘争を組織する、経済闘争と政治闘争の結合、労働者の要求と国民的要求の実現のための共同などを提起していました（行動綱領）。重要なことは、特定の運動路線の承認を組織加盟の前提にせず、「組合民主主義をもっとも大切にする」「規約の承認」だけを加盟の条件としたことです。

また全労連は、画期的な組織構成をとります。それは、産業

「たたかうナショナルセンターの確立」をかかげ、統一労組懇の構成団体を中心に全国労働組合総連合（全労連）が結成されました／1989年11月21日

別の全国的労働組合と地域的に労働組合を結集した都道府県単位の地方組織（ローカルセンター）が対等平等に参加していることです。そのうえ、大会の議決も、代議員の裁決とともに単産採決を行い、代議員裁決で可決されても、出席加盟組合の過半数が反対すれば不成立とされています。組合の大小を問わず、その対等平等の権利を保障しているのです。

　結成宣言には「私たちは100年にわたる日本の労働運動の積極的なたたかいの伝統をひきついで、すべての働くものの人間らしい生活を実現するために、日本の輝かしい未来のために、そして世界の恒久平和のために、全力をあげてたたかう」ことが格調高く謳われています。全労連の結成は、平和で人間らしい社会をめざす労働運動の出発でした。

V
軍事大国化と新自由主義の時代の労働運動
（1990年〜今日）

冷戦崩壊と職場社会の変貌

　冷戦崩壊後、日米同盟がバージョンアップされ、自衛隊の海外派遣が既成事実化されます。そのうえ、90年代に新自由主義的「改革」が本格的に開始され、「労働改革」によって職場社会の構造的変化が進行しました。

1　冷戦崩壊と日本の政治・日米同盟の変化

◆ソ連崩壊と国際社会の激動─米ソ軍事対決構造の崩壊と東アジアの激変

　90年代になると世界情勢は激動します。1989〜91年にかけて、東欧やソ連が体制崩壊しました。とくにソ連崩壊によって、戦後世界を規定してきた米ソ軍事対決構造が崩壊し、米国が唯一の超軍事大国になります。また1990〜91年にかけて湾岸危機・湾岸戦争が勃発します。ソ連の崩壊と湾岸戦争の「勝利」を受けて、米国はきわめて攻勢的な世界戦略を採用します。1993年に発足したクリントン政権は、ソ連「封じ込め」にかわって、「拡張戦略」をすすめ、世界的な覇権主義を追求しました。そして1995年2月に「東アジア太平洋戦略報告」を発表し、アジアに米軍の10万人体制を確保する方向を明確にします。これを受けて、翌1996年、日米首脳会談で「日米安保共同宣言」が発表され、「アジア・太平洋」の安全と平和の確保がソ連崩壊後の日米安保体制の意味であることが強調されました。

　東アジアでは、ASEANが東南アジア友好協力条約（TAC）加盟を

結集の条件とする共同体づくりをめざし、1994年、アジア太平洋地域で唯一の安全保障対話であるASEAN地域フォーラム（ARF）を発足させます。ARFには、ASEAN加盟諸国とともに、米国、日本、カナダ、オーストラリア、韓国、中国、ロシア、北朝鮮などが参加し、安全保障問題を話し合うことが可能になっています。1995年には、東南アジア非核地帯条約が調印されます。アジアの紛争を平和的に解決する努力が蓄積されていきます。

東南アジア諸国の米国離れがすすみ、東アジアの共同体構想が急速にすすみます。ASEAN＋3（日本、韓国、中国）の枠組みがつくられ、共同体の具体化に関する共同声明が発表されました（1999年12月）。2005年12月、第1回東アジア首脳会議がマレーシアのクアラルンプールで開かれたのです。東アジアの共同体実現の動きは新しい段階に入り、2015年12月、「政治・安全保障」「経済」「社会・文化」の3本柱からなるASEAN共同体が創設されました。いまの東アジアは大国に従っていた昔とは大きく変わっています。長い年月をかけてつくられてきた重層的な共同体の運動を、どんな大国も無視することができなくなっています。

◆1993年の政変と社会党の事実上の解党

1993年7月18日に総選挙が行われ、自民党は過半数を割り、「非自民」諸党が過半数を制しました。自民党単独内閣の崩壊です。同年8月、「非自民」8党派連立の細川護熙内閣が誕生します。自民党が初めて野党に転落しました。

1991年のソ連崩壊を契機に、「保革対立消滅」論が大キャンペーンされ、保革対立にかわって、「改革派」対「守旧派」の図式がもてはやされるようになります。労働運動や社会運動が時代遅れの「守旧派」であるかのようなイメージがつくられたのです。

また、戦後革新勢力の重要な一翼を占めていた社会党が、自民党、新

党さきがけとの三党連立政権（1994年の村山富市内閣）を誕生させたことは国民に大きな衝撃を与えました。マスメディアでは、社会運動を支えてきた革新勢力の消滅が宣言され、国民の中でも、革新勢力ではなく、新自由主義的「構造改革」推進の「改革派」に期待する傾向が強くなっていきます。

　社会党は、1994年9月の臨時全国大会で、これまでの中立・非同盟路線が歴史的役割を終えたことを確認し、自衛隊の容認と日米安保条約の堅持を決定しました。このことは、1980年の「社公合意」以来の路線転換の完了を示しています。1996年1月、党大会で社会党は社会民主党に党名を変更します。事実上の社会党の解党でした。

　1996年1月、村山内閣に代わって、第1次橋本龍太郎内閣が発足しました。自社さの3党連立です。こうして自民党は再び首相の座を手に入れたのです。

◆自衛隊の海外派遣の既成事実化と日米同盟のバージョンアップ

　90年代になり、日米同盟が大きく転換し、バージョンアップされました。1991年の湾岸戦争やソ連崩壊により冷戦が終わると、「国際貢献」の大キャンペーンの中で、日米同盟のあり方が再検討され、第2次ガイドラインが1997年に締結されます。「日本有事」にかわり、キーワードが「周辺有事」に、具体的に言えばアジア太平洋地域になります。アメリカがこの地域の紛争に介入するときに、日本の自衛隊が「後方支援」で参加することになったのです。その具体化として、1999年に周辺事態法が制定されました。

2　「構造改革」の推進と職場社会の変貌

◆多国籍企業化の本格的な開始と「構造改革」路線の推進

　90年代の日本経済は「失われた10年」と呼ばれています。高度成長期

の驚異的な経済発展、2度のオイルショックを乗りこえた80年代の経済大国化というように、50年代半ばから80年代にかけて日本経済は飛躍的に発展しました。ところが90年代になって事態は一変します。かつて経験したことがない長期の経済的停滞に陥り、これまでの輸出を軸とする日本経済の限界が明白になりました。その意味で日本経済のあり方が問われる歴史的岐路にさしかかったのです。

90年代の日本経済の特徴は、多国籍企業化が本格的に開始されたことにあります。日本経済のグローバル化への転換と言えます。

80年代後半の欧米への直接投資の増大に見られるように、日本の大企業の多国籍企業化が開始されていましたが、バブル崩壊によって一時的に後退します。しかし異常円高の中で、輸出依存の限界があきらかになると、90年代中頃から、日本の企業の海外生産が本格化していきます。これまでのアメリカやヨーロッパの先進資本主義国だけでなく、低賃金の利用、市場開発、国際的最適生産体制の構築、企業内国際分業の推進などによって、アジア展開が本格化しました。日本の海外生産比率は、1986年以降上昇を続け、製造業の場合、1996年に11.6％となり、1997年には13％となっています。また製造業の海外現地法人の売上高は、1996年に日本の輸出総額を上回るまでになっています。海外生産の増加は、日本国内での設備投資の抑制、雇用の削減など産業の空洞化をもたらし、経済の停滞をより深刻にさせたのです。こうした多国籍企業化の本格的開始にともなう経済構造の「改革」＝「構造改革」の動きが始まります。財界・大企業は総人件費を削減し、国際競争力を高めるために、終身雇用や年功制などのこれまでの「日本的経営」の改革を強く求めるようになります。この要求は、「アメリカン・グローバリズム」のもとでのアメリカ多国籍企業の要求でもあったのです。

1996年11月、第2次橋本内閣が成立します。橋本首相は、所信表明演説で、行政改革、経済構造改革、金融システム改革、社会保障構造改革、財政構造改革の5つの「改革」を提起します。のちに教育改革が加わり、

「橋本六大改革」とよばれます。

　財政再建を口実に、1997年4月に消費税を3％から5％に引き上げ、9月には医療保険制度を「改革」し、医療保険の本人2割負担の導入を強行します。この結果、約9兆円の負担増が国民に強いられることになります。この結果、再び消費不況が強まり、景気が急速に悪化することになります。

　橋本内閣の「構造改革」推進の背景には、日本の財界が「構造改革」路線を正式に採用したことがあります。それを示すのが1996年に発表された経団連の「『魅力ある日本』―創造への責任」（豊田ビジョン）でした。豊田ビジョンは、それまでの「追いつけ、追い越せ」型の「一国フルセット型産業構造」から多国籍企業化と国内競争力の強化に適した「ハイブリッド型産業構造」への転換を提起し、経済的規制の撤廃による「脱規制社会」、行財政改革による「小さく効率的な政府」や労働法制の規制緩和による「創造的な人材」の育成、などを提言していたのです。

◆　「新時代の『日本的経営』」

　1994年3月にデトロイトで開かれたG7の「雇用サミット」、同年7月のナポリ・サミット、1995年6月のハリファックス（カナダ）サミットなどで「硬直した労働市場」の「構造改革」によって「労働市場の弾力化」を実現するアメリカ主導の国際的「雇用戦略」の推進が合意されます。

　この国際的「雇用戦略」の展開の中で、日経連（当時）の総会で「新時代の『日本的経営』」（1995年）が決定されました。この方針がその後の日本社会の雇用構造激変の画期になります。その特徴は、第1に、「雇用・就業形態の多様化」をめざしていることです。具体的には、経済的に非効率になったとされる終身雇用、年功制などを縮小・解体し、労働力を一部の正規のエリート社員からなる「長期蓄積能力活用型グル

グループ別にみた処遇の主な内容

	雇用形態	対象	賃金	賞与	退職金・年金	昇進・昇格	福祉施策
長期蓄積能力活用型グループ	期間の定のない雇用契約	管理職・総合職・技能部門の基幹職	月給制か年俸制職能給昇給制度	定率＋業績スライド	ポイント制	役職昇進職能資格昇格	生涯総合施策
高度専門能力活用型グループ	有期雇用契約	専門部門（企画、営業、研究開発等）	年俸制業績給昇給なし	成果配分	なし	業績評価	生活援護施策
雇用柔軟型グループ	有期雇用契約	一般職技能部門販売部門	時間給制職務給昇給なし	定率	なし	上位職務への転換	生活援護施策

※日経連「新時代の『日本的経営』」より

ープ」、契約社員となる専門職の「高度専門能力活用型グループ」、パート、派遣などの圧倒的多数の「雇用柔軟型グループ」と３つに分け、専門職から一般職まで、労働力の圧倒的多数を非正規雇用に転換させようとするものでした。第２に、「職業・業績に基づく人事・賃金管理」の追求です。正規労働者の中に、成果主義による新たな労働者管理の体制の構築がめざされました。労働者の賃金を決定する際に、年齢や勤続の要素を排除し、業績（成果）、職務、役割など使用者の主観的要素で決めるというものです。さらに、個々人の賃金決定が組合の集団的労使交渉の対象から外され、企業と労働者個人の協議で決められることになり、労働者間の競争が激化することになります。

　これまで続いてきた終身雇用や年功制を特徴とする「日本的経営」＝「日本的労使関係」からの根本的転換がめざされたのです。これを契機に、全産業的にリストラが推進され、社会の基礎的単位である職場の環境が激変します。短期間のうちに、正規雇用労働者が減少し、非正規雇用労働者が増大します。非正規労働者は、1995年に1001万人（21％）でしたが、2003年には1496万人（30.3％）に、2006年には1663万人（33.2％）になり、2016年には2000万人（37.6％）を超えました。また青年労働者、女性労働者ではおよそ２人に１人が非正規雇用になっています。

◆職場社会の構造的変化

　この「改革」が日本社会に与えた影響は絶大なものになります。労働力を一部の上層部分の正規雇用と圧倒的多数の非正規雇用に差別化し、成果主義管理を新たに導入しようとするものだったのです。労働者が分断され、長時間過密労働が広がり、労働者同士の競争が促進されます。この雇用戦略を転機に日本の職場社会が激変していきます。

　一つは職場における労働者の集団的関係の破壊がすすみ、その過程で、差別、不正、いじめなどの理不尽なことを認めない「まともな人間関係」が喪失していきます。職場の集団的関係が空洞化され、労働者の団結の基盤が崩されていったのです。無権利の非正規雇用労働者が増大し、正規雇用労働者が減少する中で、労働組合の組織率が2003年に20％を割り、19.6％に低下します。戦後のピークは、1949年の55.8％でしたが、1953年から1982年までは30％台でした。減量経営が推進されていた1983年に30％を割り、20年たって、2003年に10％台に減少したのです（52頁参照）。

◆者者のライフサイクルの崩壊と「自己責任論」

　もう一つ見ておくべきことは、それまでの労働者のライフサイクルが激変したことです。企業のために働けば、それなりの生活が一生保障されていた「企業内人生」の崩壊ともいえます。とくに青年層の学校の卒業→就職→社会的自立という80年代まで存在していたライフサイクルの崩壊が本格化したのです。若者の将来への不安が深刻になり、人生の夢を語ることが難しくなっていきます。この意味で、この労働市場の規制緩和は、日本社会を根本から変えていくことになります。それまでの企業「共同体」への労働者統合の転換が余儀なくされます。競争が社会活性化の原動力であり、努力するものが報われる社会が必要であるとして、「自己責任」に基づく競争社会を強要する支配イデオロギーが登場してきました。多国籍企業が激しい国際競争の中で生き残るために、労働者

を一部の上層部分と大量の中下層部分とに分断し、全体としての低コスト体制の構築が必要になったとして、この分断を「自己責任」論によって受け入れさせようとしたのです。

このような職場社会の構造的な変化の中で、職場における労働運動の困難な時代が始まります。

3 試練に抗する労働者や民衆のたたかい

◆沖縄の少女暴行事件と「島ぐるみ」のたたかい

1995年9月4日、3人の米兵による少女暴行事件が起きます。復帰後も繰り返される米兵の犯罪にたいして沖縄県民の怒りが爆発しました。この事件と並行して、米軍用地の強制使用にかかわる代理署名問題[※1]が表面化します。9月28日の県議会で大田昌秀知事（当時）は代理署名拒否の方針をあきらかにしたのです。少女暴行事件と代理署名拒否によって、沖縄問題に全国民が注目することになります。

10月21日、沖縄県民総決起大会が開かれ、宜野湾市の海浜公園に8万5000人が参集しました。県議会全会派、県経営者協会、連合沖縄、県婦人連合会、県青年団協議会等18団体が呼びかけ、約300団体によって実行委員会が結成された「島ぐるみ」の集まりでした。大会では、「米軍人・軍属による犯罪を根絶する」「被害者にたいする謝罪と完全な補償」「日米地位協定を早急に見直す」「基地の整理・縮小を促進」などの4つの要求が確認されます。「島ぐるみ」の運動であっただけに、安保廃棄や基地の撤去ではなく、日米地位協定の見直しや基地の整理・縮小が一致点でした。この運動は、客観的に見れば、日米安保体制の再編強化、周辺安保体制への移行の動きに正面から異議申し立てを行うものでした。沖縄の「島ぐるみ」のたたかいの高揚の中で、1996年4月、橋本首相とモンデール米駐日大使によって普天間基地の条件付き返還が発表され、やがて現行案である「辺野古にV字滑走路」が日米両政府で合意

されます（2006年）。この返還は、基地の整理統合、再編強化をめざすものであり、沖縄県民の要求である「整理・縮小」とは異なるものでした。

※1　基地に使われることを拒むなどして契約を結ばない地主の土地は、駐留軍用地特別措置法に基づき、知事が土地・物件調書への代理署名をするなどして強制的に使われる。

◆ナースウェーブのたたかい

看護師の増員と労働条件の改善を要求して、医療労働者が立ち上がりました。日本医労連は、1989年の定期大会で3年単位の「看護婦（当時）闘争」を提起したのです。

そして1989年10月6日、患者さんのために、自分自身と看護の未来のために、「もう我慢できない、看護婦は主張する」と東京の看護師たちが立ち上がります。「看護婦増やせ10・6白衣の大集会」（日比谷公会堂）と白衣の看護師1300人の銀座デモが行われ、マスコミにも大きく報道されて社会的に注目されました。こうして「看護婦増やせ」の「ナースウェーブ」が全国に広がっていきます。

こうした運動の広がりの背景には、悲惨な医療現場の労働実態があったのです。80年代の「臨調行革路線」の中で、医療の「合理化」、営利化がすすめられ、看護師の長時間・過密労働、健康破壊、退職者の増大など深刻な事態が生まれていました。とくに看護師は、低賃金、月10回以上の夜勤、時間外労働は常態化し、熱があっても休めない、好きでなった仕事なのに患者さんに優しくなれない、自分自身の体が持たないと離職する看護師が後を断ちませんでした。看護師不足は基準看護の取り消し、病院閉鎖など病院経営にも深刻な影響を与えたのです。

医労連本部に闘争委員会が設置され、全県に「看護婦闘争委員会」が組織されます。かつての「病院スト」や夜勤制限闘争の教訓に学び、産業別の全国統一闘争としてとりくまれていきます。「看護婦110番」が設置され、国際シンポジュウムが開かれるなど、国際的な視野に立ちなが

ら、地域の未組織の看護
師を対象にした幅広い運
動が行われました。そし
て、看護師自身の発案に
よる運動の組織化がすす
み、看護師が主役の運動
に発展します。職場での
団体交渉、自治体交渉や
議会請願、集会、デモ、
ストライキなど創意工夫
をこらしたとりくみが、
看護師が先頭になってと

ナースウェーブ歴史を変えた日＝1989年10月6日、看護婦の増員と夜勤制限、賃金引き上げを求めて、1300人の医療労働者が白衣で銀座をデモ行進／田中由紀子・田中千恵子・宮崎洋子著『看護婦—ナースウェーブで輝いて』学習の友社より

りくまれたのです。その様子をマスコミも全国で連日報道し、看護師問題が大きな国民的関心事になり、政府や国会を動かしていきます。

その結果、1992年6月、ついに「看護婦確保法」が成立し、同年12月には「夜勤は複数・月8日以内」「完全週休2日制」というルールが政府によって明文化され、「基本指針」として告示されます。看護師の労働条件に関する初めての法律であり、1965年の人事院判定から27年7ヵ月ぶりのことでした（105頁参照）。

◆関西電力人権裁判や電力労働者の不屈のたたかい

1995年9月5日、関西電力人権裁判で、画期的な最高裁判決が出されました。関西電力の上告が棄却され、沖水二郎氏ら4人の労働者の勝利が確定したのです。4人の労働者は、関西電力の活動家の思想の自由や人権を認めない理不尽な行為を告発するために、1971年4月に、神戸法務局人権擁護委員会に「救済申し立て」を行い、さらに同年11月、神戸地裁に提訴しました。こうして始まった人権裁判は、一審（1984年5月）に続いて二審（1991年5月）でも労働者側が連続して勝利しました。

しかし、関西電力はこれを不服として最高裁に上告したのです。関西電力は、活動家を退社に追い込むために、監視、尾行、調査などを執拗に行います。それは職場での仕事ぶりだけでなく、活動家の私生活までを対象とし、本人や家族の状況や友人との交際の様子にまで及んでいました。とくに職場での監視は、仕事ぶりの範囲をこえ、私物の検査、写真撮影、電話の監視、同僚との会話や交際にまで立ち至っていました。このような人権侵害を労務機構中心に会社ぐるみで行っていたのです。

最高裁判決はこうしたことを「労働者の思想・信条の自由を侵す」と指摘したのです。これまで職場の問題は私人間の問題であり、憲法は適用されないという前例がある中で、憲法が企業の中にも適用されることを事実上、認めたのです。さらに、第一審、第二審に続いて、最高裁判決で、「職場における自由な人間関係を形成する自由」が書き込まれました。

また東京電力でも、共産党員やその支持者に対する差別と人権侵害、昇級差別に対して、労働者が地方裁判所に訴えたのです。1993年8月、前橋地裁判決を皮切りに、甲府地裁、長野地裁、千葉地裁、横浜地裁と5つの裁判所で「反共労務政策」は憲法違反とする勝利判決が出されます。そして、1995年12月、東京電力と支援共闘中央連絡会議との交渉で全面解決の「解決協定書」が調印されました。

さらに、中部電力においても、職場に憲法は通用しないといって行われた人権侵害に労働者が名古屋地裁に提訴してたたかいが始まります（1975年5月）。1996年3月、中部電力の思想差別は憲法違反との判決が出されますが、中部電力はこれを認めず、名古屋高裁に控訴しました。そして、1997年11月、高裁の和解案が出され、双方がこれを受け入れ、争議は全面解決しますが、和解案には、中部電力の思想差別が違憲・不当であり、是正する必要があることが明記されていました。

こうした電力労働者の不屈のたたかいによって、会社側の思想・信条による差別が違法・不当であり、是正しなければならないことが明確に

されたのです。「職場に憲法は通用しない」という大企業の労働者支配に大きな打撃を与えました。

◆丸子警報器のたたかい

　1993年10月20日、長野県丸子町の丸子警報器の臨時社員28人の女性たちが、長野地裁上田支部に賃金差別是正を提訴しました。丸子警報器は、自動車のホーン（クラクション）や部品である各種リレーを製造する丸子町では中堅の会社です。生産の中心に「臨時社員」と呼ばれる女性社員が働いていました。会社は既婚女性を正社員としていっさい採用せず、生産の中心として頑張っても正社員登用の道を開かず、「2カ月ごとに雇用契約を更新する」という形式のもとに、極端に差別的な低賃金を押しつけてきました。

　同じ仕事をしていても、女性正社員と比べると、賃金65％、一時金60％、退職金18％という低さであり、「勤続25年でも正社員の高卒初任給より低い」という驚くべき実態でした。

　丸子警報器労働組合は、1989年にJMIU（全日本金属情報機器労働組合・現、JMITU）と全労連が結成されると、JMIUに加入します。「JMIUは共産党系の組合で少数派だ」「入れば会社ににらまれて不利になる」などの会社側の攻撃にもかかわらず、3ヵ月に及ぶ家庭訪問や弁護士を囲んでの学習会を積み重ねるなど、執行部の精力

1989年に結成されたJMIU（全日本金属情報機器労働組合・現、JMITU）の横断幕を掲げ、非正規と正規の均等待遇を目指し団結する丸子警報器の臨時職員と組合員たち／JMITU 提供

的な努力によって、臨時社員30人の仲間が組合に加入します。「正社員も臨時社員も同じ仲間」と一貫して組合員の要求とともに、臨時社員の要求を取りあげてたたかってきた組合への彼女たちの信頼は絶大でした。

　こうして、1993年10月、臨時社員28人の女性たちが、長野地裁上田支部に賃金差別是正を提訴したのです。「支援共闘会議」を中心に全国からの熱い支援が寄せられる中で、1996年3月15日、全国で初めて臨時社員と正社員の賃金差別を違法とする画期的な判決が下されました。

　ところが、会社側はこれを不服として東京高裁に控訴します。さらに、判決から3週間後、臨時社員の定年制がなかったにもかかわらず、60歳以上の嘱託・臨時社員8人（原告2人も含まれる）の報復的な解雇を行ったのです。これに対し、2人の組合員が裁判で争い勝利し、職場復帰を勝ちとります。しかし、会社側の臨時社員への差別は変わらず、96年には「丸子警報器の28人を支援し、パート・臨時労働者の権利を守り発展させる全国連絡会」が結成され、たたかいは全国に拡大します。前年の3月には「全国女性争議交流集会」が丸子町で過去最大の500人の参加で開かれました。また地元で町民の過半数をめざした署名運動が1年かけて行われ、町民の過半数をこえる署名が集まります。そして1998年9月には、町議会で「丸子警報器における労使問題の早期全面解決に関する決議」が全会一致で採択されました。町長が決議をもって社長に面会し、争議の早期解決を要請するまでになります。地域に支えられた画期的な争議に発展しました。

　こうして1999年11月に、賃金は正社員のほぼ90％に是正、日給制を月給制に、一時金は正社員と同率、退職金は正社員と同じ計算方式で支給など一審判決を上回る勝利和解を勝ちとります。

　丸子警報器のたたかいは、全国の職場で働くパート・臨時労働者の待遇改善に大きな影響を与え、全国のパート・臨時労働者を勇気づけたのです。臨時労働者への差別という重い壁を打ち破り、「新しい扉」を開く歴史的なたたかいでした。

4　労働運動の新しい展開

◆中小企業における労働組合運動の新展開

　労働組合運動の困難の中で、中小企業の分野の労働運動でこの困難を乗りこえるための新しい展開が生まれました。企業数の99％、労働者の7割が中小企業で働いているように、中小企業は日本経済を支えており、中小企業分野の労働組合運動はきわめて大きな意味を持っています。

　【一般労働組合の運動】 第1に、一般労働組合という形で、一つの産業部門に重点を置きながら、企業、産業、職業、職種に関わりなく企業横断的組織化の運動が開始されていることです。たとえば、1977年に運輸産業を基盤に運輸一般が、1991年に建設産業を基盤に建設一般が結成されます。そして、両組織が全動労とともに、合流して建交労（全日本建設交運一般労働組合）が結成されました（1999年）。現代の労働組合の基本的組織形態が産業別労働組合という一般原則を絶対視しないで、イギリスの運輸一般労働組合の経験に学びながら、企業横断的組織化に挑戦し、戦後日本の企業別労働組合が果たし得なかった膨大な中小零細企業の労働者の組織化＝「未組織の組織化」に努力しています。

　【新たな「提案型労働運動」と労使関係の模索】 第2に、新たな「提案型労働運動」と労使関係の模索と探求の努力が開始されました。全労連・全国一般は、1999年から「たたかう提案型」の運動を推進しています。労働者の雇用と暮らしを守り、希望の持てる職場と社会を実現するために、労働者の犠牲でなく、まともな経営と政治を実現する「たたかう提案型」の運動をすすめたのです。経営と政治の「実態と問題点」をあきらかにして、ただ反対するだけでなく、「要求と改善提案」にとりくみました。その基礎には、「経営危機への対処」ではなく、「労働者の要求実現」が置かれていたのです。

　JMIUは、2001年の春闘で、「くらし、雇用、将来展望、労使関係」

の４つの課題を提起します。そして、02年春闘の総括の中で、「合意協力型労使関係」が定式化されました。これは、労働条件の向上、雇用と職場の将来という労働者の要求を「合意・協力型」の労使関係構築によって実現するというものです。「合意協力型」というと、「労使協調」と思われがちですが、JMIUは、何よりも大事なことは、経営者に労働者のくらしと雇用を守る責任を果たさせることであり、労使関係は産業別労働組合と職場組織の強力な力がなければ実現できないという二つの視点を不可欠としています。

　建交労は、中小企業の経営者に「共存・共闘」を呼びかけています。この「共存・共闘」の柱は、①経営者は法令を順守し、労働組合は経営者の自主性を尊重する、②経営者は、労働組合に誠実に対応し、労使は集団的労使関係確立に努力する、③労働組合は経営環境改善、中小企業政策など「提案型」運動を追求する、となっています。この方針に基づく職場・地域、さらに全国的規模での労使関係の確立の努力によって、大きな成果が上がっています。すでに1978年に「中央運輸労使協議会」が発足し、毎年、社会情勢や労使共通のテーマで「労使共同セミナー」が開かれています。地域別でも、東京・埼玉で構成される「首都圏運輸労使協議会」が発足し、産業実態を広く社会に訴えるトラックパレード、労使共通課題のセミナーなどを行っています。

　中小企業経営者は、労働者を搾取して利益をあげますが、同時に、親企業・大企業にそのかなりの部分を収奪されています。したがって、中小企業の労働者の要求を実現するには、当該経営者とともに親企業・大企業とも、さらに、大企業本位、中小企業いじめの政治ともたたかわなければならないのです。かつての総評時代も、こうした事情を踏まえて、中小資本の「二重的立場」と説明されており、たたかう労働組合でも、60年代後半には「中小企業家の二面性」と規定され、「一面闘争、一面提携」と定式化されていました。その後、この運動路線は、統一戦線を支持するかどうかという経営者の政治的立場を優先して労働者の要求闘

争を軽視する問題が指摘されるようになり、その克服のうえで、今回の「たたかう提案型」「合意協力型」の新しい運動が始まったのです。

◆注目すべき職種別労働組合の活動

　この時期に注目されるのが、技能職・専門職を組織している労働組合の活動です。その典型が全建総連とその傘下にある東京土建、埼玉土建、千葉土建、神奈川土建などの建設労働組合です。「産業別」「個人加盟」を原則に、さまざまな職種の建設職人・建設労働者を居住地域支部に組織し、60年代以降、健康保険・共済制度を軸にさまざまな活動を展開し、組織を拡大してきました。伝統的な「町場」での活動とともに、住宅メーカーのもとでの「新丁場」、ゼネコンのもとに重層的に形成されている下請け関係の「野丁場」での活動を発展させています。全建総連の労働組合員は、国勢調査（2005年）に基づく「建設作業者」のうち、東京64％、埼玉71％、千葉29％、神奈川36％になっています。この首都圏の土建組合の特徴は、組織建設の中に学習教育を位置づけ、活動と学習を結びつけ、自覚的活動家の育成をきわめて重視していることにあります。

　その他の職業別組合として注目されるのは、音楽家ユニオン（1983年結成）やプロ野球選手会労働組合（1985年結成）などがあります。前者の音楽家ユニオンは、〝音楽家だって労働者〟のスローガンのもとに、職業音楽家の約4割に当たる6000人以上を組織し、NHK、民放テレビ5社、日本レコード協会との間で標準賃金率を決める労働協約を締結しています。

◆地域ユニオンの発展

　90年代末から、全労連の呼びかけもあり、地域に基礎を置く個人加盟の地域労組結成の動きが活発化します。実はこの地域労組の結成は、80年代初頭、民主青年同盟の提唱により開始されました。たとえば、大阪

の「城北友愛会」、愛知の地域労組「きずな」、「東京・東部合同労組地域支部」などです。1985年6月に、「全国全産業一律最低賃金制の確立をめざす地域労組全国実行委員会」がつくられ、初めて労働省（当時）との交渉を行っています。1988年11月には「全国連絡会」がつくられ、28都道府県の60を超える地域労組が結集しました。

　ところが、90年代になると、この地域労組の運動は一時的に後退しましたが、90年代末頃から、再び地域労組結成の運動が広がっていきました。たとえば、岩手県地域労働組合（1999年7月）、青森県地域一般労働組合（2000年4月）、神奈川県地域合同労働組合（1999年9月）、広島地域労働組合（1996年4月）、全労連・新宿一般労働組合（2000年11月）などがあります。

　80年代との違いは、第1に、未組織の中小零細企業労働者、パートや派遣などの非正規雇用労働者が激増していること、第2に、たたかうナショナルセンターである全労連、とくに地方労連や地域労連との協力があることです。誰でも1人でも加入できる地域労組は、非正規雇用労働者の組織化にふさわしい組織形態であり、地域から最低賃金制、失業保障などの制度改革や自由と民主主義の擁護、政治革新にも大きな役割を果たす可能性を持っています。この個人加盟の地域労組の運動は、戦後の労働運動の中で、80年代以降に初めて登場しました。

◆パート労働者の組織化

　非正規雇用労働者は、1995年の988万人から、2018年には2103万人に急増し、雇用労働者全体の中で37.4%（2018年）を占めています。非正規労働者の大半はパート労働者ですが、パート労働の補助的労働から基幹労働力化への変化がすすんでおり、均等待遇の要求がパート労働者の中で広がっています。これに対応するかたちで、連合加盟のUIゼンセン同盟が繊維産業から小売り・流通・外食産業へと組織の基盤を移し、パート労働者の組織化に成功し、民間最大の単産に成長しています。一

方、全労連加盟の生協労連やその単位組合がパート労働者の組織化に成功します。生協労連では組合員の約3分の2をパート労働者が占めています。

◆全労連「総対話と共同」の提起

全労連は、1995年7月の第13回大会で、同一産業、業種や地域のすべての労働者を視野に、「目に見える」運動と多角的・重層的な共同を追求すること、具体化として「解雇規制署名」を武器に広範な労働者・労働組合との「総対話運動」を打ち出しました。しかし、この時期のとりくみは、郵送などによる労働組合への申し入れなどにとどまり、直接的な訪問による双方向の「総対話運動」ではありませんでした。ところが、1996年の第15回大会で、職場、地域から一致する要求に基づく共同を連合加盟の組合を含めて目的意識的に追求する本格的な「総対話と共同」の運動の推進が決定されます。さらに、同年12月、全国から1500人の活動家を結集して初めての「全国討論集会」が開催されました。この集会で、「21世紀へ、いま飛躍のとき」というテーマのもとに、「職場と地域を基礎に」「すべての労働者を視野に」「誰もが一致できる要求を掲げて」「旺盛な対話と共同を」などを中心にたたかう合意が形成されます。1997年7月の第16回大会では「総対話と共同」の担い手である職場活動家の育成をめざす「10万人オルグ大運動」が提唱されました。

こうして1997〜98年にかけて、ナショナルセンターの枠をこえたすべての労働者や労働組合との「対話と共同」をめざす運動が飛躍的に強められたのです。このような努力の中で、1997年から連合、全労連の中央、地方において、多様で変則的な共同行動が生まれ始めます。1997年11月、労働法制改悪阻止のために全労連と連合が同じ日に労働省（当時）前に座り込み、予期せぬ「一日共闘」が実現しました。1998年3月には、暮らしと雇用を守る集会の開催にあたって、東京・代々木公園の舞台の骨格を全労連と連合が共同使用する状況が生まれます。同年4〜5月の労

働法制改悪反対の座り込みや集会で両組織の労働者同士のエールの交換が相次いで起きたのです。こうした雰囲気の中で、社会運動の再生につながるさまざまな共同を求める努力が行われました。たとえば、陸・海・空関係労働組合の共同行動はその典型です。1999年、連合加盟の海員組合、全労連加盟の建交労、医労連、全労協加盟の国労など20組合が参加して「周辺事態法反対」の共闘が実現し、2002年には「有事法制」に反対する共同闘争体制が実現します。この運動は労働組合のナショナルセンターの枠をこえた共同だけでなく、宗教界の宗派・教派をこえた「平和をつくる宗教者ネット」との共同行動も実現していきます。

こうした運動を背景に、全労連は2000年7月の第19回大会で年度方針とともに、中期目標として「21世紀初頭の目標と展望」を提唱します。そこでは、第1に、大企業の民主的規制と働くルールの確立、第2に、国民生活の最低保障・ナショナルミニマムの確立、第3に、憲法と基本的人権の擁護、国民本位の政治への転換、第4に、労働組合運動の壮大な共同と統一に向けて、全労連がその母体として奮闘する決意を内外にあきらかにしたのです。

新自由主義的な「構造改革」が本格化し、労働運動の困難な時代が始まる中で、全労連の「総対話と共同」の努力と一定の成果は、2010年代の「市民と野党の共闘」の土台につながる大きな意味を持った運動でした。

社会運動の高揚と
労働組合運動の存在意味

　21世紀になると、社会運動の再生の新しい動きが始まります。一つは、自民党の改憲策動が現実のものになり、憲法問題が政局の中心問題になったことに対応し、2004年に「九条の会」が発足したことです。もう一つは、2008年のリーマン・ショック^{※1}を契機に、〝派遣村の運動〟が起きたことが大きな意味を持っていました。非正規雇用労働者の雇い止めやワーキングプア（貧困）という問題が可視化され、〝派遣村の運動〟を通じて労働組合運動や社会運動が活性化し始めたのです。80〜90年代の試練を乗りこえる社会運動の再生ともいえる状況が生まれ始めました。

> ※1　アメリカの投資銀行リーマン・ブラザーズ・ホールディングスの経営破綻をきっかけに世界的な金融危機が生じ、多くの国が深刻な経済危機に陥った。背景には、金融市場の異常な拡大とともに、実体経済における過剰生産が存在していた。資本主義の矛盾が深刻になり、「ポスト資本主義」の議論が活発になる。

1　社会運動再生の動き

◆社会運動再生の要因

　こうした状況の変化がなぜ生まれたのかを、もう少し考えてみましょう。

　第1に、多くの市民の中で、憲法や民主主義の根本的破壊に対する不安と危機感が深刻になったことです。アメリカのアフガニスタン戦争やイラク戦争に日本政府が協力する中で、日米同盟がグローバル化し、やがてそのために9条改憲が提起されます。とくに2006年に安倍内閣が登

場すると、改憲の危険性が現実のものになります。2006年に教育基本法の改悪が、2007年に国民投票法の制定が強行されました。そして、財界も改憲路線に踏み切ります。日本経団連「わが国の基本問題を考える」（2005年）で「憲法改正のアプローチ」として、9条2項の削除と改憲手続きの簡略化をめざして96条の改定などを優先する改憲構想が発表されます。

　こうした動きに、作家の大江健三郎、井上ひさし、哲学者の鶴見俊輔、評論家の加藤周一ら9人の呼びかけで9条改憲反対を一致点とする「九条の会」がつくられたのです（2004年）。

　第2に、小泉内閣に象徴される新自由主義的「構造改革」の全面的展開によって、日本社会が効率性、競争と分断、「自己責任」などを特徴とする新自由主義的社会に変質し、国民の不安が深刻になります。先ほど指摘したように、1995年の「新時代の『日本的経営』」以降、非正規雇用労働者が増大します。非正規雇用労働者の4人に3人が年収200万円以下のワーキングプアです。さらに、1998年から13年間連続して、自殺者が3万人台になります。職場、地域の人間関係が崩れ、地域社会の解体がすすみ、NHKスペシャル（2010年1月31日放送）が日本社会は〝無縁社会〟になり、国民の〝究極の孤独〟が進行していると指摘するまでになります。格差と貧困が拡大し、国民の分断と孤独が深刻になり、社会の荒廃に対する国民の危機感が増大しました。

　こうした客観的な要因の変化が、国民の不安を高め、良心的保守層を含む国民の反発が大きな流れになったのです。

　第3に、日本の社会運動に一定の影響力を持つ日本共産党の路線の深化があります。同党が自主独立の立場を堅持し、先進国社会、市民社会に照応する革命政党への脱皮を目的意識的に追求しました。1970年代から、根本的なスターリン批判とレーニン理論の見直しを行いながら、マルクスの理論と精神に立ち戻る探求が本格的に開始されたのです。革命論＝社会変革論の分野における「機動戦型階級闘争論」から「陣地線型

多数者革命論」への転換とも言えます。

　先進国革命路線の探求にとってスターリン理論の根本的見直しが避けられませんでした。その意味で、1972年に発表された『日本共産党の五十年』は、日本の労働運動にも大きな意味を持っていました。とくに戦前の『二十七年テーゼ』『三十二年テーゼ』の歴史的意義と同時に、そこに現れている「社会民主主義主要打撃論」や「社会ファシズム論」の問題を歴史的に検討し、労働運動の面でも、プロフィンテルンに加盟していた全協のセクト主義として、「革命的反対派」を構築する赤色労働組合主義の問題が指摘されたのです。戦前戦後の左派勢力にあったセクト主義が明示され、問題点が明確にされました。

　その到達点が、2000年の第22回大会での規約の全面改定であり、2004年の第23回大会における新綱領の確定でした。規約改正で、「前衛政党」規定が削除されます。この前衛規定の削除は、統一戦線運動や労働運動のあり方にきわめて大きな影響を与えます。共産党と労働組合、市民団体、民主団体の関係は対等平等であり、革命政党であるかどうかは看板で決まるのではなく、実際のイニシアチブや実績による労働者や国民の信頼によって決まるという立場を明確にしたのです。これは事実上のスターリンのベルト理論（労働組合は共産党の指導下にあるべきという考え方）の批判でもあったのです。新綱領では、これまでの分配論による社会主義、共産主義二段階論を克服し、「人間の自由な発達」を軸に未来社会を展望しました。

　こうした共産党の路線の深化は、その後の社会運動の発展に大きな影響を与えました。

◆非正規雇用労働者のたたかいと〝派遣村〟

　今世紀の初め頃から非正規労働者の勇気あるたたかいが始まります。
　【光洋シーリングテクノのたたかい】2004年9月には、徳島・光洋シーリングテクノ（トヨタ自動車の2次下請けで自動車部品製造会社）で

「請負」労働者がJMIUに加入してたたかいに立ち上がりました。7、8年も働き続けたベテランが正社員を教える立場にありながら、何年たっても時給1100円、毎日3〜4時間の残業で額面が月25〜30万円で、ボーナスも退職金もありませんでした。こんな「働

2004年、「何年働いても『請負』のままでいいのか」と立ち上がった徳島・光洋シーリングテクノの派遣労働者。数年間にわたるたたかいは全国に広がり、組合員全員の正社員化を実現／JMITU 提供

き方」はおかしいと声が上がり、調べたところ「偽装請負」という違法な働かせ方であることが判明します。この中で20数人の仲間がJMIU徳島地域支部に加入して、「直接雇用」を要求して光洋シーリングテクノに団体交渉を申し入れますが拒否されます。派遣会社との団体交渉で、わずかな賃上げを勝ちとりますが、「光洋シーリングテクノへの直接雇用、正社員化」しか本質的な解決はないという要求が高まり、運動の全国化を推進します。

　2006年7月30日、JMIUは全労連、徳島労連とともに、現地で「偽装請負を問うシンポジウム」を成功させます。そして、翌31日から「朝日新聞」が「偽装請負」の告発キャンペーンを開始したのです。あまりに理不尽な「働かせ方」に世論が大きく変化しました。この中で行政が動きました。徳島県商工労働部が経済振興、雇用確保の観点から問題解決に向けての協議の場を提供したのです。こうして事態が劇的に動き、一部の労働者の直接雇用が実現します。集団的に直接雇用を勝ちとった日本で最初の成果になります。さらにたたかいが続き、2007年7月にさらに16人の直接雇用が実現し、やがて、2012年9月までに43人の組合員全

員の正社員化をなしとげました。労働組合の力が示された快挙でした。

【いすゞ自動車のたたかい】2008年11月17日に発表されたいすゞ自動車の人員削減計画は、役員報酬や内部留保に手をつけず、1400人の派遣労働者、期間工全員雇い止めにするという一方的なものでした。これに怒った期間労働者、派遣労働者が労働組合に加入し、解雇撤回に立ち上がります。12月3日、JMIUいすゞ自動車支部（栃木）が結成され、藤沢工場（神奈川）でも労働組合への加入が続きました。3日夜のテレビ局は、「ついに非正規労働者が反撃に立ち上がった」と全国放映し、大きな影響を与えます。いすゞ自動車の解雇は、直接雇用で「有期雇用」とされる「期間工」も派遣労働者も「契約期間中の解雇」でした。JMIU は団体交渉において労働契約法第17条違反などで解雇撤回を迫り、解雇期限目前に期間労働者の解雇を撤回させました。大企業の一度発表した解雇を「撤回」させたことは画期的なことでした。

いすゞ自動車は派遣労働者が団体交渉の交渉事項でないという立場を譲りませんでした。このため、派遣会社とも団体交渉を行い、いくつかの派遣会社とは住宅からの追い出しを行わない、解雇を撤回し契約期間中の賃金分に加えて1ヵ月から6ヵ月分の賃金に当たる解決金を支払わせるなどの成果を勝ちとることができたのです。

このように、社会的にも大きく注目された非正規雇用労働者の勇気あるたたかいは、既存の労働組合の組織化努力と結びついて行わ

2008年末、不当な解雇・雇い止めで仕事と住まいを失った労働者の年越し場所を確保しようと、労働組合や市民団体が「年越し派遣村」を開設。大企業の横暴や格差と貧困の拡大が可視化された。写真は開村式

れたことに特徴がありました。

【派遣切りと年越し派遣村】2008年の派遣切りの嵐は、職を奪われ、雇用保険や生活保護が適用されない労働者に路上生活を強いることになりました。この事態に全労連や全国ユニオン（連合加盟）、反貧困ネットなどが共同して「年越し派遣村」の活動が行われます。市民運動と労働組合の連携です。活動は連日報道され、社会的関心が高まります。12月31日の開村式には、労働戦線再編以来初めて、全労連、連合、全労協の代表が並んで挨拶をしました。「年越し派遣村」への「村民登録」は最終的に505名に達します。全国からのカンパは約6000万円に達し、米や野菜、毛布などの支援物資も次々と持ち込まれたのです。

国民の支持と共感に支えられた「派遣村」のとりくみに、政府や自治体も対応せざるを得なくなり、生活保護の申請と迅速な決定、宿泊所の確保など要求の具体的な前進とともに、雇用維持のための大企業の社会的責任を追及する世論と政治の動きをつくり出しました。

◆ 「格差と貧困」の元凶トヨタとトヨタ総行動

大企業の社会的責任を追及する運動として、トヨタ総行動が大きく前進しました。トヨタ自動車は日本の大企業のトップ企業であり、財界の中心的企業です。

90年代になると、海外生産と海外からの部品調達比率を高め、急速に多国籍企業化していきます。国内生産台数を海外生産台数が上回るようになります。こうしたグローバル展開における競争力を強めるため、2000年から「CCC21」と言われる徹底したコストカットが始まり、トヨタの生産ラインの3分の1が期間工に置き換えられ、さらに、大きく変動する注文にジャストインタイム（「必要なものを、必要なときに必要な量だけ造る」＝在庫を持たないシステム）で納品するため、2次以下の下請けでは全国から大量の出稼ぎ派遣労働者を採用します。また外国人労働者、外国人研修生・実習生の採用も全国最多になります。こう

して製造業への派遣を解禁させていったのです。その結果、2003年には、トヨタの利益が1兆円を超えますが、トヨタは来年の賃上げをゼロと宣言し、中小企業、下請けを中心に大きな影響を与えていきます。

　2008年にリーマン・ショックが起きると、トヨタグループは、「ジャストインタイム」で9000人以上の期間工・派遣切り、愛知県下の下請け企業で非正規労働者の解雇・派遣切りが3万5000人におよびました。「日本一の派遣切り」が行われたのです。

　トヨタは、多国籍企業化する中で、日本全体の政治や経済に積極的にかかわるようになります。財界が「構造改革」路線を採用する節目になった1996年の経団連の「『魅力ある日本』―創造への責任」（豊田ビジョン）の責任者はトヨタの会長である豊田章一郎でした。また、経団連と日経連が統合してできた財界総本山の日本経団連の初代会長は、トヨタの奥田碩会長です。トヨタは、自民党と一体になって、「新時代の『日本的経営』」にもとづいて、日本の職場社会を変えていったのです（146頁参照）。

　トヨタ総行動は、トヨタの横暴を地域、職場から告発し、社会的責任を果たさせることを目的に、1981年3月から始まっています。トヨタ本社前での門前宣伝、ビラ配布、集会とデモ、要請などの諸行動を中心に毎年行われ、1984年からはトヨタシンポジウムを開催し、トヨタ式労務管理の問題やトヨタの社会的責任を解明してきました。

　こうした中で、2004年から、ナショナルセンターである全労連も主催団体に加わり、「格差と貧困」の元凶である日本のトップ企業のトヨタとのたたかいを日本の労働運動全体の課題に位置づけたのです。2009年の第30回トヨタ総行動は、「内部留保をはき出せ」「期間工・派遣切りをやめよ」を要求し、内外に注目されるようになっています。

◆NTTリストラとのたたかい

　2001年4月、NTTは11万人のリストラ計画である「NTTグループ

３カ年経営計画」を発表しました。NTT の「構造改革」と称して、新設する地域子会社に本来業務（加入電話関連業務）のすべてをアウトソーシング（業務の外部委託）し、50歳以上の社員を退職させ、賃金２〜３割カットで新子会社に再雇用する「50歳退職・賃下げ再雇用」制度を導入しようとしたのです。かつてないリストラで、「労働のルール無視」の乱暴極まりないものでした。多数組合の NTT 労組がこのリストラを受け入れたため、「50歳退職・賃下げ再雇用」制度は強行され、50歳以上の労働者１人ひとりに「仕事はなくなる。いまの仕事をしたければ退職・再雇用しかない」と迫り、５万2400人が退職・再雇用、４万2500人が出向者になります。しかし、約1000人の労働者は退職せずに、NTT 東・西会社に残りました。通信労組組合員は460人が残りました。

　通信労組（通信産業労働組合、現、JMITU）は、2001年８月の全国大会で、「50歳定年制」の導入が高年齢者雇用安定法をはじめ労働諸法に反する違法、不当であり、これまでのリストラとは性格が違うことをあきらかにし、全組合員が全力でたたかう意思統一をはかりました。全労連も、この乱暴なやり方を許すなら、日本の労働者の雇用破壊につながるとして、2001年８月、「全労連 NTT リストラ対策本部」（後に闘争本部）を設置します。

　NTT 東・西会社に残った組合員にはいっせいに攻撃が加えられます。組合員130人に対して、仕事上の正当な理由や必要性がないにもかかわらず、異職種、遠隔地配転の命令が出され、61人が単身赴任を余儀なくされ、また、片道２時間以上の通勤が強制されました。これに対して、通信労組は、全国７ヵ所（北海道・東京・静岡・愛知・大阪・愛媛・福岡）の地方裁判所に組合員50人が原告となって訴えたのです。この裁判は、NTT リストラの違法・脱法性を世に訴えるたたかいとして行われました。裁判をたたかう中で、原告のうち半数の仲間を地元職場に戻しています。さらに、2004年12月、全国に「NTT リストラ反対サポーター」への参加を訴えています。

◆地域を基礎とした個人加盟の一般労働組合の発展──首都圏青年ユニオンの結成

またこの時期に、非正規切り、派遣切りが広がる中で、労働相談活動などを通じて解雇された労働者、非正規雇用労働者の組織化がすすみました。既存の産業別組織の個人加盟組織だけでなく、地域を基礎とした個人加盟の一般労働組合が組織されていきます。すでに全労連は、2002年の第20回大会で、常設の労働相談活動や産別地域支部の拡大とともに１人でも加盟できる地域労組の拡大推進を提起していました。2008〜09年にかけて、１人でも誰でも加盟できる地域の「ローカルユニオン」の運動が大きく前進します。

2000年12月に東京自治労連が母体になった東京公務公共一般労働組合の青年一般支部として、非正規の若者を中心とする首都圏青年ユニオンが結成されました。首都圏青年ユニオンは企業別の分会をつくらず地域別の分会制をとり、誰でも１人で加入できる形態をとっています。2007年以来、外食産業大手企業「ゼンショー」の経営する牛丼チェーン「すき家」で、不当な解雇、賃金未払い、労働条件の切り下げに対するたたかいが始まり、やがて裁判闘争で勝利し、2012年12月に東京地裁で勝利和解を勝ちとります。アルバイトなどの若者の「反乱」によって次々と違法な労働条件で成り立つブラック企業が告発されていきます。

首都圏青年ユニオンでは、労働相談から団体交渉で解決するまで、専従以外の組合員も参加するとりくみを行い、組合員との日常のやりとりは LINE など SNS が活用され、団交の参加もメーリングリストで呼びかけたのです。１人でも参加でき、組合員が日常活動を楽しみ、みずからの成長の場として機能するユニオンをめざしたのです。これまで無権利状態で酷使されてきた若者たちの状況を、若者自身が立ち上がって解決しようとする新しい運動形態であり、若者たちの〝いい仕事をしたい〟という要求にも積極的に対応しようとしています。

2　社会運動の発展と労働組合運動の存在意味

◆脱原発と「オール沖縄」のたたかい

　これまで述べたように、2004〜08年にかけて、社会運動と労働運動の再生の動きが始まりましたが、それがさらに本格的になるのは、2011年「3・11」の東日本大震災と福島原発事故を契機としてからです。この「3・11」を画期に、脱原発の運動、沖縄の新基地反対闘争、労働法制改悪反対闘争、消費税増税反対闘争、秘密保護法反対闘争など「一点共闘」と言われる多様な社会運動が連動しながら大きく前進しました。

　とくに、2012年3月29日、300人で始まった反原発の首相官邸前抗議行動の与えた影響はきわめて大きなものといえます。野田内閣（当時）の大飯原発再稼働決定を契機に、一挙に4万人台、15万人台と急増し、6月29日には20万人を超える空前の抗議行動に発展しました。そして8月には野田首相と面会するまでになります。

　官邸前行動に参加した39歳の女性が「いままで何度選挙に行っても裏切られ、政治や社会は変わらないと思っていた。でもその無関心が野田総理や政治家の暴走を許していることに気づきました。もう諦めたくない。99％の国民のための社会にしたい。社会を変えるにはまず自分が変わり、行動しないと。その種をまく人になりたいと思っています」と語っているように、自分の生き方を真剣に見直しながら、多くの市民が運動に参加し始めたのです。この官邸前の行動が全国に大きな影響を与え、全国各地で「普通の市民」たちによる反原発の行動が活発になっていきました。

　また沖縄では、新基地建設による沖縄の海兵隊基地の再編強化が、安倍内閣の強権的やり方ですすめられ、「オール沖縄」と呼ばれる島ぐるみのたたかいに発展しました。2014年には、1月名護市長選、9月名護市議選、11月県知事選、12月衆議院総選挙で自民党を打ち破って、「オ

ール沖縄」の基地建設反対派が圧勝します。

この脱原発の共同行動の前進と「オール沖縄」の新基地建設反対のたたかいが、2015年の安保関連法（戦争法）反対の歴史的な国民運動の発展に継続しました。

◆2015年戦争法反対闘争の歴史的意味

安倍内閣は、2014年7月に集団的自衛権行使を容認する「閣議決定」を行い、2015年9月に戦争法を強行しました。これに対して、市民のたたかいが大きく盛り上がり、この中で「市民と野党の共闘」が実現したのです。2015年の共同闘争を主導したのはこれまでとは違う新しい市民運動でした。この共同闘争と新しい市民運動の特徴は何であったのでしょうか。

その特徴は、第1に、既存のほとんどの護憲勢力を結集した「総がかり行動実行委員会」が結成され（2014年12月）、国民的共同の受け皿として大きな役割を果たしたことにあります。市民運動団体の「解釈で憲法9条を壊すな！　実行委員会」が仲立ちとなって、連合系組合が参加する「戦争をさせない1000人委員会」と、全労連が参加する「憲法共同センター」との共闘が実現しました。国民的共同を土台で支える共同組織＝「総がかり行動実行委員会」が結成されたことはきわめて大きな意味を持っていました。

第2に、この総がかり行動実行委員会とSEALDs（自由と民主

2015年、戦争法（安保関連法）に反対する人びとが連日国会周辺に集まった。採決強行の迫った8月30日、9月14日の二度にわたり国会正門前道路が解放された／しんぶん赤旗提供

主義のための学生緊急行動）、若者憲法集会実行委員会、安保関連法案に反対するママの会、安保関連法案に反対する学者の会などの広範な市民運動が合流し、空前の国民的共同が実現したことです。この市民運動は、合法主義、非暴力主義に徹し、誰もが気軽に参加できる運動をつくりだし、さらに、既存の平和民主勢力との連携を求めていることに大きな特徴がありました。また、SNSのネットワークによる情報の交換、共有が運動に大きな影響を与えています。2015年12月、市民連合（安保法制の廃止と立憲主義の回復を求める市民連合）が発足しました。

第3に、この国民的共同が新しい社会運動の質をつくり出したことです。それは運動参加者が、自分の意思で参加し、自分の言葉で怒りを表現し、自分の足で行動に立ち上がっていることです。主権者としての自覚の成熟とも言えます。この意味で、今度の市民運動は、主権者が主権者としての自分を取り戻す運動でもあったのです。

◆労働組合運動の存在意味が問われている

こうした市民運動と社会運動の発展の中で、労働運動も共闘を土台で支える大きな役割を果たしました。とくに、地域における「市民と野党の共闘」は、全労連傘下のローカルセンターの存在と役割を抜きにあり得ませんでした。しかし、それでも、60年安保闘争などの戦後の国民的大闘争の中で労働組合運動が果たした役割を見ると、労働組合運動が期待に応えているとは言えません。労働組合の役割を回復させるためにも、あらためて労働組合運動の存在意味は何かを検討することが重要になっています。

この点では二つのことを確認したいと思います。一つは、労働組合の存在意味が、仲間の〝命とくらし〟を守ることにあることです。人間らしい生活を実現するには、賃金、労働条件、職場における権利などが保障されなければなりません。重要なことは、こうした人間らしい生活は、平和や民主主義があってこそ可能になることです。戦争や専制政治のも

とでは、人間らしい生活や生き方はありえないのです。

　もう一つは、こうした〝命とくらし〟を守るには、政治を変えなければならないし、そのためには労働組合が積極的な役割を果たさなければならないことです。

　ところが、最近、労働組合の中から、労働組合の基本原則に「政党からの独立」があるのだから、政治的にも「中立」であるべきで、平和問題や憲法問題など政治的課題に労働組合がとりくむのはおかしいという意見が出されています。この点で大事なことは、「政党からの独立」と「政治的中立」とは事柄の性格がまったく違う問題だということです。「政党からの独立」は労働組合の重要な原則です。それは、政党支持の自由と政治活動の自由をきちんと保障することです。特定の政党への支持や政党への募金を機関で決定して組合員個々に強制することは、組合員1人ひとりの政治活動の自由や政党支持の自由という基本的人権を侵害することになり、認められません。

　しかし、これは労働組合の政治活動を否定することではありません。また、労働組合があらゆる政党に対して中立の立場をとるということでもありません。現代社会では要求を実現するためには法律の改定や社会制度の改革が必要になっています。その意味で、労働者の生活と権利を守るために、労働組合が政治闘争を行うのはあたりまえであり、共通する要求を掲げる政党とお互いの組織の性格の違いを尊重しながら協力共同するのは当然です。いま大事なことは、主権者である国民が、労働者が自分たちの生活や権利を守るために、戦争への道をストップさせるために、声を上げ、行動に立ち上がることです。この意味で「政治的中立」という考え方は、政治活動の自由という労働組合の権利を歪める間違った考えであり、労働者や労働組合を政治から遠ざけ、政治的無関心をつくり出す思想攻撃の反映であることが明白です。

　このように、労働組合の存在理由は、仲間の〝命とくらし〟を守ること、政治変革の積極的役割を果たすことの二つにあります。

戦後日本の労働組合運動から
何を学ぶか―その再生の課題を考える

　最後に、あらためて戦後の労働組合運動の歴史から見た労働組合の役割を振り返りながら、いくつかのことを確認し、これからの労働組合運動再生の課題を検討してみたいと思います。

1　戦後労働組合運動史から見た労働組合の役割

◆第1段階―戦後の出発点で労働組合は〝希望の星〟であった

　戦後の出発にあたって、労働組合は労働者の〝希望の星〟でした。戦争が終わり、未曾有の生活難の中で、賃上げと職場の民主化、政治の変革を求める運動が大きく発展し、労働組合が自然発生的に次々と結成されます。戦争中は、ゼロに等しかった労働組合が、わずか半年の間に組合数1万7266、組合員492万6000人、組織率41.5％になります（1946年6月、52頁参照）。労働組合が労働者の〝希望の星〟だったのです。この当時の労働組合は、事業所を単位とする全員参加型の事業所別労働組合でした。こうして、戦後日本の労働組合運動がスタートしたのです。

　1945年10月の「5大改革指令」を見ても、女性の運動とともに、労働組合運動が日本の民主化の担い手として特別に重視されていました。それは、新憲法の制定以前に、1945年12月に労働組合法が公布され（施行は1946年3月）、労働組合活動の自由が保障されたことに示されています。1945年10月に治安維持法と治安警察法が廃止され、1946年11月に新憲法が公布（1947年5月に施行）されることによって、日本社会が軍国主義から民主主義社会に転換したことが、労働組合運動の爆発的な前進

を可能にしました。たたかいの中で、たたかうナショナルセンターである産別会議が誕生すると、大幅賃上げ、雇用の確保、職場の民主化、政治の変革などを求めてたたかいが連続的に行われ、労働組合運動の影響が大きく広がっていきます。

とくに、1946年の「10月闘争」から1947年の「2・1ゼネスト」運動に至る運動はその象徴です。この過程で、労働組合の共同闘争が前進し、「2・1ゼネスト」は占領軍の介入で中止になりますが、日本の労働組合運動史上、初めて労働戦線の統一が実現し、全労連（全国労働組合連絡協議会）が発足しました（1947年3月）。1949年には、労働組合の推定組織率が55.8％になります。これが戦後最大の数字であり、労働組合が如何に労働者に信頼されていたかがわかります。言うまでもなく、さまざまな未熟さや誤りがあっても、労働者の〝命とくらし〟を守るために、労働組合が必死になって努力をしていたからです。

◆第2段階─戦後民主主義と〝命とくらし〟を守る積極的役割

50年代には総評中心の労働運動に転換します。「政令201号」、「3つの謀略事件」、レッド・パージという弾圧と謀略、さらに大がかりな分裂攻撃によって、たたかうナショナルセンターであった産別会議が敗北し、労働組合運動の主導権が反共民同勢力の総評に移行したのです。しかし、その総評も、情勢の厳しさや現場労働者の闘争エネルギーを反映して一定の戦闘性を発揮するようになります。50年代半ばに春闘が始まり、60年安保闘争には統一戦線運動の中核として労働組合が積極的な役割を発揮したのです。60年代には、ベトナム反戦運動や沖縄返還闘争をたたかい抜き、70年代前半には国民春闘を開始しました。

こうしたたたかいを背景に、60年代後半から70年代前半に、全国に革新自治体が誕生し、労働者や市民の生活や権利を守るうえで大きな役割を果たします。たたかいと革新自治体の経験を通じて、生存権、環境権、教育権、住民自治などの憲法と民主主義の価値理念が社会の中に浸透し

始めたのです。同時に、この時期は大企業本位の高度成長が推進され、独占体が確立し、企業主義と競争主義が社会と労働者・国民の中で支配的になり始めていました。日本社会は、こうして一面で企業主義と競争主義の確立、他方で民主主義と人権の憲法的価値の浸透というように、相反する両者の対抗とせめぎ合いの複合性を持つ社会に転換し始めたのです。

　この時期の総評は、社会党一党支持とその押しつけという統一戦線運動におけるセクト主義の問題を抱えていましたが、それでも戦後民主主義と〝命とくらし〟を守るために一定の積極的役割を果たしました。労働組合が職場で労働者の利益を守るためにそれなりの機能を果たしていたのです。総評時代の組織率は、基本的に30％台でした。

　戦後の日本の労働組合は、敗戦直後からおよそ1950年代までは、事業所別組織が中心でしたが、60年代の高度成長の中で文字通り、企業の一元的支配と管理が強まり、事業所別労働組合からその連合体であった企業連を基礎単位とする労働組合に変化しました。企業別労働組合の成立です。こうして企業別組合を基礎とする産業別結集がすすんだのです。企業別組合は、企業の中に閉じこもり、企業の「外」の政治や社会の問題に関心を持ちにくくなります。総評時代の労働組合は一定の積極的役割を果たしながら、企業内主義、経済主義に陥る問題を抱えていました。

◆第3段階─労働組合運動の構造的困難の時代

　高度成長が終わり、80年代、90年代になると、労働運動の困難な時代が始まります。1989年に連合が発足したように、労働運動の主導権を戦後初めて反共的な右翼的潮流が握ることになります。そして、90年代には、新自由主義的労働「改革」によって、職場社会の激変が始まり、職場の団結力、闘争力が後退していきました。日本社会全体が、複合性の社会から、効率性、競争と分断、「自己責任」を特徴とする新自由主義的社会に大きく変質していきます。職場のみならず、地域社会の解体と

「無縁化」が進行しました。

　無権利の非正規労働者が増大し、正規労働者が減少する中で、労働者の組織率が2003年に20％を割り、19.6％に低下します。戦後のピークは、1949年の55.8％でしたが、1953年から1982年までは30％台でした。減量経営が推進されていた1983年に30％を割り、20年たって、2003年に10％台に激減したのです（52頁参照）。職場の集団的関係が空洞化され、労働組合の団結の基盤が崩されていきました。

　しかし、この困難な事態を打開するための労働運動の必死の努力が始まっています。これまで見てきたように、職場の自由を求め、労働者の生活と権利、雇用を守るたたかい、非正規の仲間の雇用の確保と「均等待遇」を求めるたたかいなどが多様な領域で行われています。その多様なたたかいが既存の企業別組合、業種別職種別組合、地域ユニオンなどさまざまな組織形態の中で行われています。重要なことはこうしたたたかいを通じてあらためて今日の時代における労働組合の存在意味が問われていることです。いま社会運動の再生の中で、「市民と野党の共闘」が大きなうねりになっています。問題は、この「市民と野党の共闘」の時代に労働組合運動はどうあるべきか、何をなすことが求められているかです。この問題に真正面から立ち向かう中で、構造的な困難を打開する方向と展望が生まれてくるに違いありません。

◆構造的困難への挑戦

　【医療労働者のたたかい】この構造的困難とたたかい、運動の前進的努力が行われています。その典型が医療労働者のたたかいです。全労連加盟の日本医労連は、2018年まで10年連続組合員の純増を勝ちとり17万人を超える全労連の最大組織になっています。その推進力は、この間の医師・看護師・介護職員増員闘争の前進でした。その特徴は、職場のとりくみを重視しながら、地域での共同闘争に力を入れ、医療分野の産業別統一闘争に全力をあげたことです。また医師や看護職員の実態調査が

医療崩壊、看護崩壊として社会的反響を呼び、運動の前進に大きな意味を持ちます。その中で組織の拡大と強化を独自に追求した成果でした。

【福祉保育労のたたかい】また1986年に結成された福祉保育労のたたかいが注目されます。17年春闘から「福祉労働者の大幅な処遇改善と増員」と「戦争法廃止・立憲主義回復」（18年春闘では「憲法改悪反対」）を掲げて「ストを含む全国いっせい行動」を実施しています。17年春闘では、11地本でスト権を確立し、9地本でストライキが実施され、58分会96職場が参加しました。18年春闘では、12地本でストライキ権を確立して実施され、52分会78職場が参加しています。結成以来初めてのとりくみであり、ストライキの波の復活として注目されています。

1人ひとりが確信を持って声をあげなければ運動は前進しないと、執行委員会、分会、支部などでの討議をつくし、「平和なくして福祉なし」の深い合意を創りあげています。保護者や利用者に迷惑をかけないこと、未組織の人にも理解してもらうことを重視し、「働き続けられるための要求」を職場要求にする原則的な職場闘争と保護者や地域の要求を取り込んだ国・自治体への制度改善運動を結びつけたたたかいに発展しています。

【国鉄闘争の「和解成立」と解雇3兄弟のたたかい】

〈国鉄闘争の「和解成立」〉2010年6月、23年間の国鉄闘争の「和解」が成立しました。清算事業団から1047人の解雇を受けて、国労や全動労などはJR各社を相手として、不当労働行為の救済としてJR職場復帰を求めて、全国の地労委に救済を申し立てました（129頁参照）。1988年11月の大阪地労委の採用差別救済命令を皮切りに、すべての地労委で採用扱いを命じる勝訴命令が出されます。そのうえで、1993年5月、中労委も採用差別に救済命令を発しました。JR各社は中労委の救済命令の取り消しを求める行政訴訟を起こします。1998年5月に東京地裁がJR各社の使用者責任はないとして、不当労働行為を否定し、中労委命令取り消しの判決を出し、2000年12月には東京高裁も控訴を棄却します。そ

して、2003年12月、最高裁が中労委救済命令を取り消した原審判断を支持し、上告を棄却しました。16年ぶりに敗訴が確定します。

この最高裁判決後、内部に意見の違いが生まれながら、国労闘争団、全動労争議団を中心に国鉄闘争は幅広く発展します。旧国鉄清算事業団＝鉄道建設公団に対する地位確認、慰謝料、名誉回復を求める訴訟が始まります。全国的な運動を背景に、2005年9月、東京地裁は、裁判所として初めて採用差別の不当労働行為を認定し、原告らのJRに採用されるという「期待権」の侵害があったとして、慰謝料の支払いを命じたのです。そして、2009年9月、東京高裁は、国鉄の不当労働行為意思と不法行為を明確に認定し、判決後、裁判長が事件の早期解決を要望するまでになったのです。

2010年6月、最高裁判所において、JR採用差別事件の「和解」が成立しました。鉄道・運輸機構（2003年に鉄建公団が再編された）は、旧国鉄の不当労働行為責任を争っている原告1人あたり、約2200万円の和解金を支払うことになったのです。この和解の成立は、23年間の筆舌に尽くしがたいたたかいによるものでした。こうした国鉄闘争の終結後も、乱暴な解雇事件が連続しました。民間でも公務でも、解雇自由な社会を許さないためにねばり強いたたかいが起こります。とくに、社保庁の不当解雇撤回闘争、JAL不当解雇撤回闘争、日本IBM解雇撤回闘争は「解雇3兄弟」と呼び合い、激励し合い、連帯してたたかっています。

〈社保庁職員の不当解雇撤回闘争〉2007年3月、安倍内閣（第1次）は、日本年金機構法案などの改革関連2法案を国会に提出し、法案は6月30日に成立します。社会保険庁が廃止され、公的年金の業務は日本年金機構に移行することになります。職員の身分継承は行われず、日本年金機構職員を希望する者の中から、設立委員が採用基準に沿って、新たに採用することになります。そして、2008年7月、政府は年金機構設立の基本計画を閣議決定します。そのうえで、2009年12月31日、社保庁が廃止され、公的年金業務の運営は非公務員型の特殊法人・日本年金機構

（年金機構）が行うこととなりました。これに伴い、当時の民主党政権の長妻厚労大臣は、12月28日、社保庁職員525人の分限免職処分の発令を強行します。国家公務員法第78条4号による免職は、民間労働者の整理解雇に相当する公務員の一方的な首切りでした。525人におよぶ首切りは、社会保険行政の解体、民営化と一体で強行された歴史上初めての公務員の大量解雇事件です。

国公労連は、2009年12月、中央闘争委員会声明を発表し、分限免職を許さず、法的対抗措置を含めてたたかう決意を表明します。2010年1月、人事院に対して、公平審査請求で解雇撤回を求めました。公平審査請求は、全体で70人が行い、25人（全厚生労働組合員10人、他15人）が処分取り消し（解雇撤回）を勝ちとります。人事院の歴史において、初めての免職処分取り消しでした。

人事院判定で、処分承認となった労働者は、不当解雇撤回を求めて6地裁に提訴しました。そのうち、東京地裁は、2017年6月、原告3人のうち、1人の分限免職を取り消す判決を行いましたが、やがて、東京高裁で原告全員の請求を棄却する不当判決が出され、2019年3月には最高裁で上告が棄却され、不受理の決定が行われています。その他の「愛知事案」「京都事案」「愛媛事案」「広島事案」はいずれも最高裁で上告棄却・不受理で裁判闘争が終了しています。「秋田事案」は2019年5月に最高裁に上告されています。国公労連と全厚生労組は、この一連の不当判決に屈することなく、すべての原告の職場復帰を実現するために、政府や厚生労働省へ労使間での決着を求め、ねばり強いたたかいを継続しています。このたたかいは、公務員労働者の権利と身分保障の確立、公務員制度の民主化のためにきわめて重要な意味を持っています。

〈JAL不当解雇撤回闘争〉2010年大晦日、希望退職に応じなかったパイロット（81人）、客室乗務員（84人）の165人が整理解雇されました。2010年1月、それまでの長年の放漫経営と航空行政の失策などにより経営破綻したJALは、同年9月から希望退職の募集を開始し、解雇時点で

人員削減の目標数は大幅に達成し、1586億円の営業利益を上げ、解雇の必要性はまったくなくなっていました。解雇された人たちの多くは、機長組合や乗員組合、CCU（日本航空キャビンクルーユニオン）の組合員であり、組合役員や活動家でした。これはまさに、事実上の指名解雇だったのです。

2011年1月、理不尽な解雇撤回を求めて、東京地裁に提訴しますが、原告らの主張を一切認めず、解雇を有効とします。やがて、2015年2月、最高裁は審理することなく解雇を容認します。しかし、一方で、2016年9月の最高裁で、争議権確立への管財人らの介入が違法行為であることが断罪されます。こうした中で、2018年5月から、争議解決に向けて組合側とJAL側との特別協議が開始されていますが、解雇された労働者を優先的に職場復帰させることをJALは依然として認めず、争議の早期全面解決に向けての取り組みの強化が重要になっています。

JAL原告団はオルグ活動、毎月の街頭宣伝行動、銀座パレード、全国キャラバン、合唱団、集会の開催など多様で精力的なとりくみを行い、このとりくみを国民的な共同闘争に発展するために奮闘しています。これを受けて、2010年12月には、全労連、全労協、全国港湾、MICなどのリーダーが共同代表となる「JAL不当解雇撤回国民共闘」が結成されます。さらに、2011年11月に運動を財政的に支援する「不当解雇と闘う日本航空労働者を支える会」が結成されます。国際的にも、たたかいの支援、連帯が広がっています。パイロットの組合が所属するIFALPA（国際定期操縦士協会連合会）、客室乗務員の組合が所属するITF（国際運輸労連）で声明文や決議文が採択されています。またILO（国際労働機関）も「労使協議で解決を求める」見解を出しています（2018年11月）。

このたたかいは、労働者の不当解雇を撤回させ、雇用の権利を守り、解雇自由な社会にさせない運動の重要な一翼を占めています。たたかいの中心でがんばる内田妙子氏は「JALに、労働者としての価値を全面

否定され、司法でも高年齢や傷病歴などから、貢献度が低いと判断されました。人間の尊厳を踏みにじられ、客室乗務員としての誇りを傷つけられました」（『もう一度空へ』）と怒りを述べていますが、この怒りと誇りを取り戻すことがこのたたかいの大きな原動力になっています。

〈**日本 IBM 解雇撤回闘争**〉この間の JMITU の日本 IBM 解雇撤回闘争が注目されます。2012年から15年にかけて、日本の労働法のルールに挑戦するかのように、組合員34人が問答無用の方法で、まるで犯罪者のように解雇され、追い出されたのです。いわゆるロックアウト解雇です。解雇規制撤廃の「毒味役」を自認していた多国籍企業である IBM 社の暴挙でした。これに対して、IBM 労働者は、被解雇時期によってグループ化され、第1次〜第5次の裁判闘争が原告11人によってたたかわれることになります。たたかいは6年近く続きましたが、原告全員の解雇は撤回、ないしは無効とされ、3人が堂々と職場復帰を果たしました。この勝利は、日米の財界がねらう解雇規制撤廃の野望を打ち破り、日本の解雇規制法理への攻撃を退けた意味で画期的なものでした。また、原告11人と日本 IBM 支部の奮闘とともに、このたたかいを支援した JMITU や全労連などたたかう労働組合運動の存在意味が示されたものと言えます。

2　労働組合運動の課題を考える

◆「市民と野党の共闘」時代の労働組合のあり方が問われている

今日の「市民と野党の共闘」を推進しているのは、かつてない市民運動の発展にあります。歴史的に見て重要なことは、新しい市民運動と革新勢力のこれまでにない親密な関係が成立し、これを基礎に、良心的保守層も結集して2015年の戦争法反対闘争以来の幅広い国民的共同が継続していることです。こうした社会運動の共同を背景に、2016年の参議選以降、さまざまな逆流とたたかいながら「市民と野党の共闘」が成立し

ています。この共同＝共闘は、対等平等とリスペクト（相手に対する敬意）を基調に成立していることに今日の特徴があります。こうした共同＝共闘は、戦後の歴史の中で、初めてのことといえます。

　歴史的に見れば、60 ～ 70年代の革新統一が「社公合意」（1980年）で壊され、80 ～ 90年代は、社会運動の分断と混乱の時期でした。それが、21世紀に入り、社会運動が再生し、2015年の戦争法反対闘争を契機に新しい質を持った国民的共同が発展し、2016年、2019年の参議院選挙で「野党共闘」が大きな成果をあげています。

　いま市民運動が先行していますが、組織された労働組合運動の発展強化がこれからの統一戦線運動成功のために不可欠です。戦後の歴史を見ると、戦後直後の民主化でも、60年安保闘争のときも、1970年前後の革新高揚の時期でも、労働組合運動は国民的共同の中核として大きな役割を果たしてきました。これからの「市民と野党の共闘」の時代でも、労働組合が全国的にも、地域でもこの「共闘」を支える中核的な役割が期待されており、そうした労働組合の活躍がなければ、この「共闘」によって、新しい日本を建設することはできないでしょう。こうした役割を果たすためにも、労働組合がみずからの「改革」を行い、労働組合の本来の役割を追求していく必要があります。

　60年代以降、大企業を中心に企業別労働組合が日本の労働組合の特徴になっています。企業別原理を優先する企業別労働組合は、企業内の正規の従業員だけで組織される場合が多く、非正規労働者の排除などが生まれやすくなっています。また、組合員の意識も、企業あっての労働者という気分になりやすく、労資協調主義の傾向に陥りがちになり、企業の「外」の政治的問題や社会問題に関心を示せなくなりがちです。したがって、いま労働組合の社会的役割を発揮するには、企業内主義、労資協調主義、経済主義を克服しなければならないのですが、そのためにも、企業別労働組合の自己「改革」が強く求められています。

　この問題を考えるうえで、たたかうナショナルセンターである全労連

（全国労働組合総連合）の組織構成に注目したいと思います。その特徴は産業別の全国的労働組合と地域的に労働組合を結集した都道府県単位の地方組織（ローカルセンター）が対等平等になっていることです。このことは、全労連運動が産業別団結と地域別団結の二つを原則とし、この二つの団結の原則の統一的発展を重視していることを示しています。この統一的発展の中に、企業別労働組合の問題である企業内主義、労資協調主義を乗りこえる鍵があるのです。この視点から、構造的困難を打開するための労働組合運動のあり方と改革の課題を考えてみます。

◆社会的広がりを持つ職場闘争と集団的人間関係の再構築

　【社会的広がりを持つ職場闘争】いま、労働組合運動に求められているのは、第1に、職場から、社会的広がりを持つ運動を再構築することです。どんなに困難があっても職場に組合運動がなければ労働運動は成立しません。労働組合は要求で団結し、職場を基礎にたたかうことが基本原則であり、いま、大切なのはその要求づくりの視点を明確にすることです。重要なことは、その要求づくりにおいて、労働者の職場と地域における「二重の生活」の実態と矛盾を具体的に分析することです。労働者は、職場では労働者としての生活があり、地域では住民としての生活があるように、「二重の生活」を送っています。したがって、要求を討議する場合も、賃金・労働時間など職場固有の問題とともに、地域の住民生活に関わる医療・介護問題、社会保障問題、教育問題、環境問題などの社会問題を自分たちの要求として検討することがきわめて大切になっています。こうした社会的広がりを持った要求討議をつうじて、自分たちの人間らしい生活を実現するには職場のたたかいと同時に、地域を変えなければならないこと、政治を変えなければならないことを考える必要があります。職場と地域のたたかいを結合し、経済闘争と政治闘争を結びつけることの重要性があきらかになります。

　【〝いい仕事をしたい〟という仲間の願いを大事にし、運動化する】要

求の議論の中で、〝いい仕事をしたい〟という仲間の願いを大事にし、運動化することが重要です。たとえば、患者さんに寄り添った看護の質を高めたい（医療）、子どもの疑問に的確に答え、子どもの知的関心を引き出す授業をやってみたい（教育）、地域の住民の生活と福祉のために役立つ仕事をしたい（自治体）、などといった仲間の仕事に関する要求の実現にとりくむことが重要になっています。新自由主義的「改革」によって、目先の効率性や業績が重視される中で、労働者の自分の仕事の社会的意味を問い直し、〝いい仕事をしたい〟という悩みや願いがきわめて強くなっています。戦後の労働運動を振り返っても、教研集会、地方自治研集会、医療研などの研究集会のとりくみが日本の労働運動の特徴と言えます。自分たちの賃金や労働条件の問題と結びつけて、仕事を通じて地域や社会に貢献する運動のとりくみが、労働者の生きがいを組織し、労働組合のあり方を豊かなものにすることになります。

　【職場交渉権の確立】 このような要求討議を通じて、職場で解決できる要求や問題は職場管理者との交渉を通じて解決する職場交渉権の確立が重要です。憲法を職場に活かすためにも、憲法第28条に基づく団体交渉権を具体化することが大切になっています。この点で、かつて国労が「合理化」反対闘争の中で、職場闘争を強め、1968年に「現場協議に関する協約」を結び、国鉄当局に現場交渉権を認めさせたことはたいへん教訓的です。

　【「まともな人間関係」を取り戻す】 労働組合の原点ともいえる職場闘争を活発化するには、職場の人間関係を立て直し、労働組合運動の団結の基盤の再構築が強く求められています。いま、新自由主義的「労働改革」と「自己責任論」の影響によって、職場における労働者の集団的関係が形骸化され、理不尽なことは許さないという「まともな人間関係」が喪失されつつあります。このことが、職場における労働組合の日常活動をきわめて困難にさせているのです。したがって、労働者の集団的関係と「まともな人間関係」を取り戻すことが労働組合の団結を復活させ、

職場闘争を活性化するためにきわめて重要になっています。こうした人間関係の再構築には、1人ひとりの仲間を大切にする労働組合の組合民主主義の成熟が問われているのです。

◆労働組合運動における〝地域〟の重要性

　第2に、企業の枠をこえた地域での活動を強化し、地域の民主主義力の向上に積極的に貢献することが重要な課題になっています。労働組合にとって、〝地域〟はどのような意味を持っているのでしょうか。どのような地域における活動が求められているのでしょうか。

　一つは、共通した要求を持つ同じ産業や同じ業種・職種の仲間との地域的な統一行動が大切です。地域における産業別の統一行動を通じて、産業別組織の中に、企業横断的な地域組織、地域ブロックを確立し、同一産業の労働者の地域的結集の力でそれぞれの職場闘争を支えることが重要になっています。

　二つには、異なる産業で働く同じ地域の労働組合との交流、共闘の強化によって、労働者の要求の実現をめざすことです。この場合、上部団体の違いや傾向の違いをこえて、一致する要求に基づく共同のとりくみが重視される必要があります。またたたかう労働運動にとって、こうした地域の交流や共闘を通じて、ローカルセンター（都道府県単位の地方組織）を強化することが、いまほど重要なことはありません。

　三つは、地域から非正規や未組織の労働者を組織する運動を強化することです。労働相談活動などを通じて未組織労働者、解雇された労働者、非正規雇用労働者の組織化をすすめるために、既存の産業別組織の内部の個人加盟組織とともに、地域を基礎とした個人加盟の一般労働組合の活動が注目されます。1人でも加盟できる地域労組＝ローカルユニオンの運動が期待されています。

　四つは、労働者や市民が働き、生活している地域の民主主義的刷新にとりくむことです。地域で生活し、働く労働者の〝命とくらし〟を守る

には、自治体や地域社会の民主化がきわめて大事になっています。地域における労働組合と地域の市民団体、民主諸団体との交流、共闘が大事になっており、憲法問題や反核平和の運動、原発問題、環境問題、消費税や社会保障などで共同の努力が重要であり、そのためにも労働組合には広い視点が求められています。

　地域における活動の系統的強化が、企業別労働組合の「改革」にとってきわめて重要な意味を持っています。このように〝地域〟の意味を検討すると、地域が単なる職場闘争の手段ではなく、職場と有機的な関連を持ちながら、独自の闘争領域であることがあきらかになります。

◆多様な組織形態の運動の連携が求められている―労働組合の総合力を高める

　第3に、労働組合運動の構造的困難な時代の中で、生活と雇用を守り、日本社会の民主化を求める運動がさまざまな組織形態で行われていますが、その多様な組織形態の運動の連携した努力が重要になっています。

　既存の企業別の労働組合がたたかいながら非正規の仲間を組合に組織して組合の階級的民主化強化を追求しています。また、多様な業種や職種の労働者の独自の要求を実現するために業種別、職種別労働組合の活発な活躍が見られます。さらに、非正規の仲間の生活と雇用、権利を守るために、地域労組・ローカルユニオンの創意的活動が行われています。このような既存の企業別労働組合、業種別、職種別労働組合、地域労組・ローカルユニオンなどの多様な組織形態の組合をその独自性と可能性を尊重しながら連携させ、地域的結集、産業別結集、全国的結集を図り、労働組合運動の総合力を高めることが求められています。

◆市民としての、主権者としての成熟を媒介とする階級的自覚の形成

　第4に、労働組合運動の再生と前進に大きな意味を持ち、運動のイニ

シアチブを握る自覚的な活動家の養成の課題です。いま、労働運動の活動家に求められるのは、「市民としての成熟を媒介にした階級的自覚」を身につけることです。一般的に、階級的自覚とは、労働者階級の歴史的使命[※1]の理解であり、自分が労働者であるという自覚とともに、労働者がどのような状態に置かれ、それから解放されるには何をしたらよいのか、どのような運動が求められているかという理解のことです。

具体的に言えば、自分が労働者階級の一員であることを自覚し、みずからの解放のためには、全国的に団結し、政治を根本的に変革しなければならないことの理解とも言えます。

それでは、こうした階級的自覚の形成が市民としての成熟を媒介にするとはどういうことでしょうか。

いま、日本の社会運動や労働組合運動は、改憲を阻止しながら、憲法を生かした社会づくり、憲法を生かした職場や地域の再生を基本課題にしています。憲法を生かした社会づくりをすすめなければ、日本社会の根本的変革はありえません。そうであれば、社会運動や労働組合運動の担い手には、日本国憲法の基本原則の理解と主権者の自覚が求められます。この間の運動を通じて、主権者の自覚とともに、「個人の尊厳」（憲法第13条）の理解の重要性が指摘されています。この主権者としての、さらには「個人の尊厳」の自覚が今日の市民の自覚とも言えるのです。

いま、「市民と野党の共闘」を支え、市民運動との相互連関の中で労働組合運動をすすめていく活動家のあり方が問われています。結論から言えば、先ほど述べた階級的自覚や市民の自覚を持った活動家が求められているのです。一言で言えば、「市民としての成熟を媒介にした階級的自覚」を持った活動家層が求められています。魅力的な活動家集団の存在が、これからの労働運動前進の要になっているといえます。

※1　資本主義社会を変革し社会主義社会を実現することによって、これまでの階級社会に終止符を打ち、人類の真の解放を実現するという労働者階級の使命。

あとがき

　本書は、『学習の友』に連載（2017年6月号〜 2018年10月号）されたものに手を入れたものです。連載中は多くの方から、励ましと激励をいただきました。多くの方が、現実の運動の中で困難にぶつかりながら、苦闘され、これからの労働組合運動の方向を模索するために、歴史に学びたいという強い思いを持っていらっしゃることが実感されました。幸いなことに多くの方からそれなりに評価され、出版を急ぐよう要請されていました。筆者の怠慢で、少し遅れてしまいましたが、やっと刊行にたどり着き、ホッとしているところです。

　今年は、全労連発足30年です。全労連は、発足以来、たたかうナショナルセンターとして重要な役割を果たしてきました。しかし、1990年代以来の新自由主義的「改革」によって、職場の労働者の集団的関係が形骸化され、活動家集団も弱体化され、労働運動の団結の基盤が崩されつつあります。労働運動の主導権も、1989年の連合の結成以来、戦後初めて右翼的潮流が握るようになっています。この意味で、1990年代以降、日本の労働組合運動は構造的に困難な時代に入っているといえます。この困難を打開するために、その方向と課題を深めるためにも、戦後の運動の歴史を学ぶことが重要になっています。本書を通じて、労働組合は何のために必要なのか、その存在意味がどこにあるのかを歴史の中で学び、多くの方が労働組合運動に誇りと確信を持って積極的に参加されることを強く願っております。

　本書執筆にあたり、多くの関係者から資料提供を受け、さらに貴重な助言もいただいております。具体的に明示しておりませんが、お世話になりました皆様方に深く感謝いたしております。

2019年9月　　　　　　　　　　　　　　　　　　　　山田　敬男

参考文献

◆全体を通した文献

猿橋眞『日本労働運動史』(学習の友社、2001年4月)

『日本の労働組合運動』全5冊(大月書店、1984〜85年)

講座『今日の資本主義7』(大月書店、1982年4月)

日本共産党中央委員会『日本共産党の八十年』(2003年1月)

塩田庄兵衛『戦後日本の社会運動』(労働旬報社、1986年9月)

山田敬男『新版　戦後日本史』(学習の友社、2009年11月)

◆I　戦後の労働運動の出発

犬丸義一・中村新太郎『物語　日本労働運動史』上下(新日本出版社、1974年7月、1977年1月)

杉浦正男『若者たちへの伝言』(杉浦正男さんの本を出版する会、1996年3月)

東京歴史科学研究会現代史部会『日本現代史の出発』(青木書店、1978年6月)

五十嵐仁編『「戦後革新勢力」の源流』(大月書店、2007年3月)

同『「戦後革新勢力」の本流』(大月書店、2011年3月)

三輪泰史『占領下の大阪』(松籟社、1996年3月)

◆II　逆コースと労働運動の復活

広川禎秀・山田敬男『戦後社会運動史論―1950年代を中心に』(大月書店、2006年1月)

赤堀正成『戦後民主主義と労働運動』(御茶の水書房、2014年4月)

上野輝将『近江絹糸人権争議の研究』(部落問題研究所、2009年2月)

佐々木隆爾編『体系・日本現代史第7巻　アジアの変革と日本』(日本評論社、1979年8月)

◆III　高度成長期の労働運動

広川禎秀・山田敬男『戦後社会運動史論②―高度成長期を中心に』（大月書店、2012年3月）

加瀬和俊『集団就職の時代』（青木書店、1997年5月）

自治労大阪衛都連編『衛都連二五年史』（非売品、1976年）

京都自治体労働組合総連合『京都の自治体労働運動史』（非売品、2000年）

「ドレイ工場」制作・上映委員会編『10万人の創造』（労働旬報社、1968年5月）

◆Ⅳ　労働運動の新段階―右翼的潮流が主導権を

高木督夫・早川征一郎『国鉄労働組合歴史、現状と課題』日本評論社、1993年）

広川禎秀・山田敬男『戦後社会運動史論③―軍事大国化と新自由主義の時代の社会運動』（大月書店、2018年12月）

◆Ⅴ　軍事大国化と新自由主義の時代の労働運動

全国労働組合総連合編『全労連20年史』（大月書店、2009年10月）

北川隆吉・浅見和彦『社会運動・組織・思想』（日本経済評論社、2010年9月）

関西電力人権裁判争議団・松井繁明『思想の自由は奪えない』（新日本出版社、1996年10月）

丸子争議支援共闘・丸子支援、パートまもる全国連絡会編集『パート・臨時だって労働者』（学習の友社、2000年6月）

全国労働組合総連合編『音楽家だって労働者』（かもがわブックレット、2010年5月）

小川明編著『派遣村、その後』（新日本出版社、2009年7月）

『増補版　日本共産党の五十年』（日本共産党中央委員会出版局、1972年8月）

JAL不当解雇撤回裁判原告団編『もう一度空へ』（学習の友社、2013年3月）

高田健『2015年安保、総がかり行動』（梨の木舎、2017年3月）

【著者略歴】

山田敬男（やまだ・たかお）

1945年生まれ

現代史家・労働者教育協会会長

【主な著作】

『新版 戦後日本史―時代をラディカルにとらえる』

『社会運動再生への挑戦―歴史的せめぎあいの時代を生きる』

『21世紀のいま、マルクスをどう学ぶか』（共編著、以上、学習の友社）

『日本近現代史を読む』（共著、新日本出版社）

『戦後社会運動史論―1950年代を中心』（共編著）

『戦後社会運動史論２―高度成長期を中心に』（共編著）

『戦後社会運動史論３―軍事大国化と新自由主義時代の社会運動』
　（共編著、以上、大月書店）

戦後日本　労働組合運動の歩み

2019年9月30日　初　版　　　　　　　　　　　定価はカバーに表示

著者　山田 敬男

発行所　学習の友社

〒113-0034東京都文京区湯島2-4-4

TEL 03-5842-5641　FAX 03-5842-5645　tomo@gakusyu.gr.jp

郵便振替00100-6-179157

印刷所　光陽メディア

ISBN978-4-7617-1031-6